时刻关注

二战经典战役纪实

决胜斯大林格勒

THE BATTLE OF STALINGRAD

二战经典战役编委会·编译

中国铁道出版社有限公司
CHINA RAILWAY PUBLISHING HOUSE CO., LTD.

前 言 | 决胜斯大林格勒

The Battle of Stalingrad

斯大林格勒战役是苏联卫国战争中的一次决定性战役，也是关系到世界前途和人类命运的一场大决战。

斯大林格勒战役是人类历史上一场无与伦比的空前大会战，其规模之宏大、战果之辉煌，超过了迄今为止历史上所有的会战。在对这个被德军宣传为"命运之城"的争夺过程中，斯大林格勒城下每天的胜负消息紧系着世界亿万人民的心，使他们忧愁，使他们欢乐。

希特勒狂妄自大，过高估计了德军的作战能力，过低估计了苏军的力量。从1942年7月中旬开始，希特勒集中了将近40个师的精锐部队，每天出动上千架次的飞机，把100多万颗炸弹投向这座城市，整个城市硝烟弥漫，陷入一片火海，一度与莫斯科的联系中断。苏联人民经历了最可怕的战火考验。大约有4万平民死于非命，然而不屈不挠的苏联军民奋力反击，把每一条街道、每一幢房屋都变成了消灭敌人的战场。在激烈残酷战斗的日日夜夜里，这里没有前线和后方之分。

这场战役从它的外围防御战，到近郊的防御战，再到市区的争夺战，尽管德军以优势的兵力和陆空强大的攻势节节紧逼，但是苏联军民发扬高度的爱国主义精神，誓死保卫斯大林格勒，始终没有让德国法西斯占领这座英雄的城市。而德军久战不胜，已经士气低落。加上严寒和饥饿的威胁，很多人被冻死，战斗力大大减弱。战争形势开始发生重大变化。苏联红军经过殊死战斗，终于迎来了激动人心的时刻。在斯大林的命令下，他们对德军开始了大反攻。只用了5天，就迅速突破了德军防线，把33万德军团团包围起来。

经受了200个日日夜夜战火洗礼的斯大林格勒，骄傲地屹立在伏尔加河畔，屹立在世界人民的心中。人们从这里清楚地看到了世界反法西斯战争胜利的曙光。

这次决战是世界反法西斯力量由暂时退却转入全面反攻的起点，也是法西斯军队由疯狂进攻走向全面崩溃的标志。斯大林格勒战役的胜利，是对希特勒的致命打击。

　　通过这次打击，德军的侵略计划被粉碎，苏德战场的战略态势得到了根本改变。希特勒不仅丢光了 1942 年夏季攻势中用巨大血本换得的一点战果，而且在苏军趁势发动的全面冬季攻势中又遭到巨大失败。苏军解放了 348 万平方公里的大片国土；打破了德军对列宁格勒的围困，削平了德军伸向莫斯科的尔热夫－维亚兹马突出部；在库尔斯克一带，则打出了一个威胁德军中部和南部战线的突出阵地。从此，德军的战略主动权永远丢掉了。

　　在斯大林格勒战役中，德军损失了如此之多的兵力和兵器，使得它的整个战略地位和战争机器彻底动摇，资源耗尽，兵员枯竭，挖肉补疮，难以为继。

　　此次战役使一个战斗力很强的德军重兵集团，上自元帅下至士兵全部覆灭。如此空前的惨败事实，大大动摇了法西斯侵略国的士气民心。德军师长斯列米尔被俘后哀叹自己的命运说："我快 60 岁了。我在德国军队里服务了 40 年，但这种失败却没有见到过。"德军将军韦斯特法尔心有余悸地回忆说："斯大林格勒附近的失败，使德国人民及其军队都感到十分可怕。在整个德国历史上还从来没有过丧失了这么多军队的可怕情景。"

　　1943 年 2 月 3 日，法西斯统治者被迫宣布，为斯大林格勒战役的阵亡者举哀三天，德国城乡居民第一次听到教堂为送葬敲响的丧钟声代替了胜利进军的鼓乐声。在德军最高统帅部里，笼罩着一片悲观恐惧的气氛。

　　斯大林格勒会战中苏联军民的光辉业绩，将永垂青史！正如罗斯福总统在会战后的致电中所说："我谨以美利坚合众国人民的名义向斯大林格勒发去此信，以表达我们对英勇的保卫者的敬意。他们在 1942 年 9 月 13 日至 1943 年 1 月 31 日受围攻期间，所表现的坚毅勇敢和自我牺牲精神将永远鼓舞一切自由的人们。他们光辉的胜利制止了侵略的狂澜，成为同盟国反侵略战争的转折点。"英国国王乔治六世赠给斯大林格勒这座英勇的城市一把宝剑，剑上用俄英两种文字刻着："赠给斯大林格勒坚强如钢的公民们，以表达英国人民深厚的敬意。"

战役备忘 | 决胜斯大林格勒
The Battle of Stalingrad

斯大林 | Joseph Stalin

斯大林格勒是德国法西斯军队覆灭的起点。大家知道，德军在斯大林格勒大激战以后，已经不能恢复自己的元气了。

丘吉尔 | Winston Churchill

这是一次惊人的胜利。

罗斯福 | Franklin Roosevelt

我谨以美利坚合众国人民的名义向斯大林格勒发去此信，以表达我们对英勇的保卫者的敬意。他们所表现的坚毅勇敢和自我牺牲精神将永远鼓舞一切自由的人们。他们的光辉的胜利成为同盟国反侵略战争的转折点。

哈尔德 | Franz Halder

斯大林格勒是希特勒"统帅声望"的转折点。

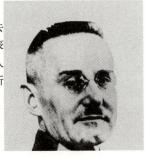

★ **战争结果**

　　1942年冬季，苏联在斯大林格勒地区组织的围歼德军集团的战役，使德方遭到彻底失败，共损失32个师又3个旅，另有16个师损失50%至70%的人员，总计伤亡和被俘达150万人，同时损失3,000多架战斗机和运输机、3,500辆坦克和强击炮、1.2万多门火炮、7.5万多辆汽车。苏军总共损失113万人。

★ **战役之最**

　　a. 第二次世界大战的历史转折点。b. 苏德战场上规模空前的决定性会战。c. 苏德战场最为激烈的一场战役。

★ 作战时间

1942 年 7 月至 1943 年 2 月。

★ 作战地点

苏联斯大林格勒城。

★ 作战国家

★ 作战将领

苏 联

苏军投入西南方面军、顿河方面军和斯大林格勒方面军，总计 14 个集团军，共 200 万人；1,463 辆坦克和自行火炮、1,350 架作战飞机、15,500 门火炮和迫击炮。

叶廖缅科 | Andrei Yeremenko

苏联元帅，参加过第一次世界大战。1937 年 8 月任骑兵师师长。1938 年任骑兵军军长。1940 年 6 月任机械化军军长，同年底任远东第 1 集团军司令。1941 年任西方方面军副司令，同年 8 月任布良斯克方面军司令。1942 年 8 月任斯大林格勒方面军司令。叶廖缅科有非凡的军事才干，具有突出的战略战役洞察力和应付复杂局面的能力。

德 国

德军投入 B 集团军群（后改组为顿河集团军群）所属德军第 6 集团军和第 4 装甲集团军、罗马尼亚第 3 和第 4 集团军，陆续投入兵力近 200 万人。

保卢斯 | Riedrich Von Paulus

德国陆军元帅，第二次世界大战开始后，任第 4 集团军参谋长，参加了侵略波兰的战争。1940 年侵略法国时，任第 6 集团军参谋长。1940 年 9 月任陆军总参谋部第一总军务长，参与制订入侵苏联的"巴巴罗萨"计划。1942 年 1 月任苏德战场第 6 集团军司令，在斯大林格勒会战中担任德军集团总指挥。

★ 战争意义

苏军在斯大林格勒会战的胜利，扭转了苏德战场的局势，不仅成为苏德战争的转折点，而且也是第二次世界大战历史性转折的主要标志，苏军从此开始从战略防御转入战略反攻和进攻。会战中，苏军在对机械化兵器的运用中，有许多创新，不仅保证了会战的胜利，而且对发展军事学术思想，具有重要意义。 这次战役的胜利极大地提高了苏联的国际威望，推动了国际反法西斯同盟国家之间的合作。

作战示意图 决胜斯大林格勒
The Battle of Stalingrad

★左图：1942 年 9 月～11 月，苏德两军在斯大林格勒附近攻守态势图。
★右图：1943 年 1 月～2 月，斯大林格勒战役中展开战略反攻的苏军与被围的德军双方态势图。

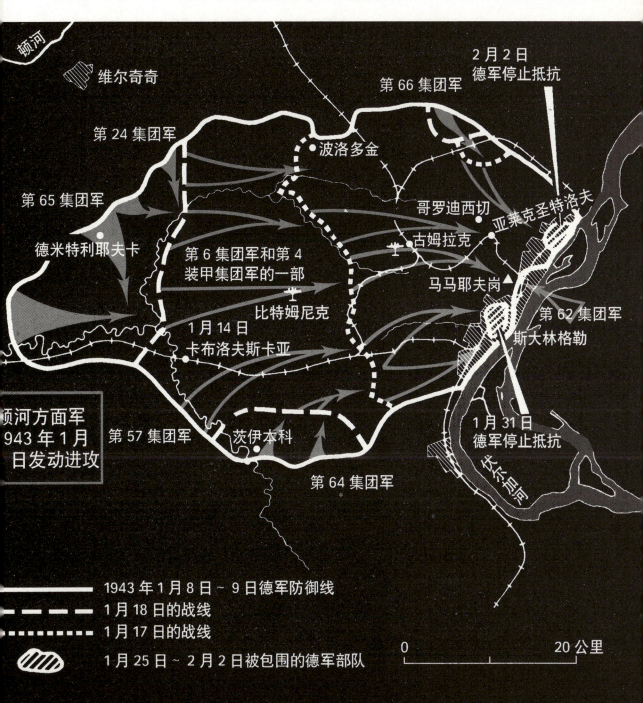

顿河

维尔奇奇

第 24 集团军

第 66 集团军

2 月 2 日
德军停止抵抗

波洛多金

第 65 集团军

哥罗迪西切

德米特利耶夫卡

古姆拉克

亚莱克圣特洛夫

第 6 集团军和第 4
装甲集团军的一部

马马耶夫岗

比特姆尼克

第 62 集团军

1 月 14 日
卡布洛夫斯卡亚

斯大林格勒

顿河方面军
1943 年 1 月
日发动进攻

第 57 集团军

茨伊本科

1 月 31 日
德军停止抵抗

第 64 集团军

长尔且河

1943 年 1 月 8 日～9 日德军防御线

1 月 18 日的战线

1 月 17 日的战线

1 月 25 日～2 月 2 日被包围的德军部队

0   20 公里

目 录 | 决胜斯大林格勒

The Battle of Stalingrad

第五章　浴血奋战

德军进到城来，乐得昏了头脑。个个都像醉汉似地从车上爬下来，狂呼怪叫，吹着口哨在人行道上蹦蹦跳跳……

第六章　破釜沉舟

这位狂妄的独裁者太需要这一场胜利了，如果让第三帝国的旗帜插在这座以斯大林名字命名的城市，就等于向世人宣告他希特勒征服世界的计划是任何人也无法阻挡的……

第七章　战役持续胶着

苏军在斯大林格勒地区的反攻，使德国将军们大吃一惊。他们感到这是一个不祥的预兆……

第八章　强弩之末

皮克尔特将军一走进指挥部就告诉曼施坦因元帅："总司令官阁下，实不相瞒，斯大林格勒包围圈中的情况，比您想像到的还要糟糕……"

第九章　难解重围

酝酿半个多月的"冬季风暴"作战终于打响了。连日来笼罩着"狼穴"的沮丧不安情绪一扫而空，大家纷纷赞扬元首英明决断……

第十章　元帅选择了投降

希特勒用一把德国军人梦寐以求的元帅节杖"行贿"，用它来换取保卢斯的忠诚，因为历史上还没有一位德国陆军元帅投降过……

▲ 希特勒在"狼穴"迎接墨索里尼。

CHAPTER ONE

第一章

希特勒打的如意算盘

在腊斯登堡附近的一片森林里，坐落着一座宽大、豪华的别墅，这是德国元首的战时大本营，代号"狼穴"。希特勒对在冰天雪地中的德军士兵下了"不准后撤"的死命令，同时他开始向那些不惟命是从的将帅们开刀了。希特勒的眼睛露出了残忍的凶光。他捏紧拳头，情不自禁地说："1942 年一定要在东线结束战事！"斯大林了解希特勒的性格，这个战争狂人还要继续发动大规模进攻。

No.1 "狼穴"的气氛变得阴郁了

德国腊斯登堡。1942年3月的一个夜晚,寒风凛冽。

腊斯登堡附近有一大片森林,森林深处坐落着一幢豪华的别墅。别墅在周围茂盛的树木的映衬下,显得十分清静、雅致。这是德国元首的战时大本营,代号"狼穴"。

在挂满大幅作战地图的会议室里,"狼穴"的主人阿道夫·希特勒毫无睡意,紧锁的眉头下,一双充满血丝的眼睛盯着墙上的地图。

1941年冬天,苏军在莫斯科顶住了德军进攻。东线的失利给德军造成了严重的影响,"狼穴"的气氛变得阴郁了。希特勒的健康也受到很大损害。来"狼穴"汇报的将军们突然发现他们的元首面色苍白,神情忧郁。希特勒的私人医生莫勒尔开始给他服各种药物,每天要注射不同的针剂,入睡前还要吞下一大把安眠药。但这些天连安眠药都不起作用了,他还常常突然头晕。

"看来依靠′闪电战′已经不行了,我们也没有足够的力量在整个苏德战场同时展开进攻。"希特勒自言自语地说。去年冬季德军在莫斯科的那场悲剧又历历在目。

1941年6月23日(星期日)拂晓,德军突然在北起波罗的海、南至黑海的长达2,000多公里的战线上,对苏联发起全面进攻。灭亡了欧洲14个国家的希特勒骄横不可一世,妄称苏联的社会主义制度是脆弱的,"只要在门上踢一脚,整个破房子就会倒下来。"

的确,战争初期,希特勒依仗其有充分的战争准备、丰富的作战经验和突然袭击所造成的有利地位,在对方准备不足的情况下,曾取得相当大的进展,18天内便向苏联腹地推进了数百公里。九十月间,已近逼列宁格勒和莫斯科城下,迫使苏联处于相当困难的境地。

希特勒欣喜若狂,在柏林的集会上挥舞双拳,得意地宣告:"敌人已经被打倒,再也站不起来了。"

进攻莫斯科的战役打响后,德军坦克兵团像一把利刃把苏西方面军和预备队方面军切割两半。钳形攻势获得意外成功,德军又俘房了苏军67万之众。德军指挥官的望远镜里已看到了克里姆林宫顶上的红星。

然而,战场风云瞬息多变。11月7日斯大林在红场检阅苏军,并发表了演讲。大将朱可夫临危受命,开始整顿莫斯科的防御阵地,苏军的抵抗变得顽强起来。当德军向莫斯科发动第二次猛攻时,严冬开始降临,莫斯科遇上了140多年未遇的寒流。而这时德军士兵还穿着单薄的夏装,成千上万的德军士兵在凛冽的寒风中被冻死冻伤。更可怕的是连坦克也发动不起来,大炮无法瞄准,机枪和其他自动武器几乎全部失灵,德军士气降到了最低点。

战局发生了戏剧性变化。当斯大林顶住了德军进攻后,立刻从远东调来精锐部队,红军的坦克冲垮了德军阵地，打得德军尸横遍野，伤亡达百万之多，被迫向西溃退。希特勒的"闪电战"计划破产了。

苏联战场传来的不祥消息，使希特勒进退维谷。原先估计3个月结束对苏战争，在后方没有作防御准备。现在希特勒老是听到前线指挥官的抱怨和要求撤退的请求。他本能地意识到，在冰天雪地中撤退会一败涂地。一天，德军参谋总长哈尔德将军向希特勒报告有一个师正在溃退，希特勒立刻接通了这个师指挥所的电话。

"我的元首，我们再也守不住了。苏联人密密麻麻地向我们进攻，我们的机枪不停地扫射，前边的人倒下了，后边一群群的敌人又冲上来了。我们再也守不住了，士兵神经受不了了，该撤退了。"几百公里以外冰天雪地的荒野中传来了绝望和沮丧的乞求。

希特勒气恼地问："先生，你想往哪里撤退啊？撤多远啊？"

"啊，我也不知道。"对方惊慌失措地回答。

希特勒暴跳如雷："你完全知道再后退30英里（约为48公里）也是一样冷。"希特勒口气缓和了一些："你撤退能带走重型武器吗？不能带？将来怎么打仗？什么？你没有选择余地？那么好吧，你一个人回德国，把军队给我留下，我来指挥。"

"啪"地一声，希特勒扔掉了话筒，余怒未消地对陆军总参谋长哈尔德说："这帮混蛋，战

▲1941年11月7日，德军包围莫斯科时，斯大林在红场阅兵时讲话。

▶希特勒在一次军事会议上。

机都被这些可敬的陆军将领们贻误了。"

不久，希特勒对在冰天雪地中的德军士兵下了"不准后撤"的死命令，同时他开始向那些不唯命是从的将帅们开刀了。

1941 年 12 月 9 日，屈从希特勒的旨意，老资格的陆军总司令布劳希奇元帅以患有严重心脏病不能胜任工作为由提出了辞呈。希特勒毫不犹豫地接受了元帅的离职，索性自己当了陆军总司令。

接着，德中央集团军群司令博克元帅、北方集团军群司令勒布元帅、第 2 装甲集团军司令古德里安大将、第 4 装甲集团军司令赫普纳大将纷纷被解职。

希特勒也深深意识到，德国在军事上失利的同时，在政治上也日渐孤立。就在苏军在莫斯科发动反攻的次日，1941 年 12 月 7 日，日军偷袭了珍珠港的美国舰队。从而使战争从欧洲、亚洲和大西洋扩展为全球性的冲突。12 月 11 日，德国和意大利承诺了与日本签订的三国公约，向美国宣战。美国和英国也以宣战回敬了他们。

1941 年底，英国首相温斯顿·丘吉尔从伦敦匆匆飞抵华盛顿，与美国总统富兰克林·罗斯福举行紧急磋商，商讨同盟国的战略。这就是著名的"阿卡迪亚"会议。这次会议的一项重要成果，是所有与德、意、日轴心国宣战的同盟国家签署一项共同宣言，包括美、英、苏和中国在内的 26 个国家在新年伊始庄严宣告，要动员所有的人力、物力反对法西斯。

希特勒以焦虑不安的心情注视着世界反法西斯同盟的形成。如果德国不迅速战胜苏联，那么美国潜在的军火生产能力同苏联潜在的人力联合起来，战争将出现非常艰难的局势。

要在东方重新发动攻势，必须首先摆脱莫斯科会战的阴影。

想到这里，希特勒眼睛露出了残忍的凶光。他捏紧拳头，情不自禁地说："1942 年一定要在东线结束战事！"

No.2　恐怖的冬天已经过去

希特勒的军事信条很简单，他信奉两点：第一，是克劳塞维茨的名言："进攻是最好的防御"；第二，拒绝任何形式的军事撤退。所以在德军战线后方很难找到一条预备性的防线。当苏军的攻势减缓时，他更不会畏首畏尾，自信一场大规模的进攻将决定战争的最终结局。

希特勒在"狼穴"召开一次秘密军事会议，出席会议的有哈尔德将军及各大集团军的指挥官。

元帅和将军们向他行举手礼。他坐下后，开始了滔滔不绝的训话：

"冬天的麻烦已经过去，战争的主动权还在我们的手中，在今年夏秋两季给斯大林致命的打击，争取在年底结束战争。"他用力挥动着拳头。

"下一步，我们的突击方向有两个。一个在南翼的高加索方向，夺取那里的油田。占领高加索地区，可以大大削弱苏联战争的经济基础，使我们的军队获得更充分的战场供应。"

"另一个突击方向，是斯大林格勒。我们要前出到伏尔加河，攻击斯大林格勒，切断伏尔加河水运干线。尔后，我们还要进一步向北进攻，一举拿下莫斯科。"

希特勒站了起来，情绪激动地说："先生们，我们占领了高加索和伏尔加河流域，把斯大林格勒从地球上抹掉，战争也就结束了。"

希特勒发言结束后，文质彬彬的陆军上将哈尔德走向地图，开始详细介绍具体作战计划。他说：

"诸位，今年夏秋攻势在第 41 号作战令中有明确规定，目的是消灭苏联残余势力，切断他们的战争资源。计划由陆军元帅包克率领南方集团军群担任主攻，中央集团军群和北方集团军群作牵制性攻击，迷惑敌人，造成出其不意效果。"

接着哈尔德详细介绍了担任主攻的南方集团军群的兵力增至 100 个师，下编 5 个集团军，1,500 架飞机配合作战。整个战役分两个阶段进行：

（一）先实施克里木战役和哈尔科夫战役，由曼施坦因上将指挥的第 11 集团军在 4 ~ 6

月攻占刻赤半岛和塞瓦斯托波尔要塞。与此同时，保卢斯的第6集团军和克莱施特的集团军在哈尔科夫展开强大攻势，占领哈尔科夫，为进攻高加索和斯大林格勒作准备。

（二）7月份开始实施第二步计划：北路由曼施坦因攻打列宁格勒；重点是中路和南路，进攻高加索，夺占油田；进攻斯大林格勒，围歼顿河以西的苏军。无论如何要将斯大林格勒置于德军重武器杀伤范围之内，使敌人不再把它作为工业中心和交通枢纽。"

哈尔德讲完后，将军们开始窃窃私语起来。对于这个作战计划，他们有许多不同看法。有人认为，目前德军的兵力和手段，与这一作战目标的差距较大，这是一个根本不能实现的作战计划。有人认为，这个计划将德军的战线拉得太长，是极其危险的。甚至连具有冒险精神的戈林对夏季能否打败苏联也表示怀疑。

听完将军们的议论，希特勒感到十分不快。他知道莫斯科战役后，将军们对战争的狂热有所减退，只是现在大战在即，他不便发作。想到这里，他振作精神说：

"1812年，拿破仑曾经攻下莫斯科，但他却没能征服苏联的冬天，最终全军覆没。可是我们却征服了苏联恐怖的冬天。这证明帝国士兵是世界上最勇敢的士兵，足以摧毁布尔什维克，使敌人望之丧胆。这次作战，对第三帝国生死攸关。你们一定要像过去那样，进攻！进攻！坚决进攻！"

将军们似乎被希特勒的精神感染了，不少人目视着元首不停地点头。看到众将领的表情，希特勒满意地说："我们要吸取教训。各集团军在攻打顿河、伏尔加河流域时，要沿河挖地掘坑建造冬季营房。到了10月，让士兵都住进冬季营房里。另外，要特别注意保密，让对方造成错觉，保证会战胜利。"

会议结束时，希特勒异常兴奋。他有一种预感，这次会战一定会顺利展开。

No.3 "进攻是最好的防御"

克里姆林宫，斯大林办公室。

墙壁挂着巨幅作战地图，办公桌上堆满各种电文，斯大林左手握着烟斗，不时地把烟斗送到又浓又密且梳理得整整齐齐的胡须下面。他双眉微锁，正在批阅电文。

像往常一样，他先翻阅过去一天的世界战况。盟国的处境不妙。德军潜艇在大西洋神出鬼没地袭击英、美船只；日军已占领了巴丹。这真出人意料。"珍珠港事件"爆发后，日本军队进攻神速，取得了一连串震惊世界的胜利。3个月来，日军攻占了泰国、马来西亚、新加坡、印度尼西亚、缅甸、香港、关岛、苏门答腊岛、新爱尔兰群岛。装备精良的美、英两国军队

▲ 改变了苏维埃命运的斯大林。

▲ 德军士兵向苏军目标炮击。

却只剩下招架之功。

斯大林皱了皱眉，狠狠抽了一口烟。他没料到他的战时盟友竟如此不堪一击，但又有些庆幸，日苏之间还保持着中立关系。如果日军在远东进攻苏联，结果不堪设想。

斯大林把几份电文匆匆浏览一遍后，开始仔细阅读国内战报，他的心情似乎有些好转。这是总参谋部对冬季战役的总结。在冬季作战中，德军损失 50 余万，阵地向后撤退了 200 多公里。从缴获的德军文件表明，德军最高统帅都开始担心他们军队的士气。这是第二次世界大战开始以来第一次出现的情况。

看到这里，斯大林情绪兴奋起来，又将另一份材料拿了起来。这是关于苏联战争实力的报告。受到莫斯科战役胜利鼓舞的苏联人民，在苏联共产党的领导下，顺利实现了国民经济的改组，军事工业有了突飞猛进的发展，大量新的技术兵器正在源源不断地补充军队。苏军组建了新的战略预备队，总兵力已经达到 500 余万人，坦克达到 4,000 辆，火炮和迫击炮达到 4 万门，飞机达到 2,000 余架。这表明，苏军的战争实力有了很大提高。

斯大林站起来，离开办公桌，走到画满红蓝军队标号的地图前，凝视着地图，陷入深思。他知道，战场显然发生了有利于苏军的变化，但战争的形势依然不容乐观。苏德双方兵力的对比上，德军仍然占有一定的优势。他了解希特勒的性格，这个战争狂人还要继续发动大规模进攻。如何才能更加有效地粉碎德军下一步的进攻呢？这是莫斯科战役结束以来他经常思考的问题。

"有必要召开一次国防委员会会议，研究和制订夏季作战的战略方针和具体方案。"斯大林回到办公桌旁，拿起电话。

上午 10 时，苏军将领伏罗希洛夫、铁木辛哥、沙波什尼科夫、朱可夫、华西列夫斯基、巴格拉米扬等人聚集到斯大林的办公室。

会议开始后，沙波什尼科夫站在大幅地图前，介绍了总参谋部对敌情的判断。他说："1942 年夏季，德军可能同时在两个方向上发动大规模进攻。一个是苏联的南方，另一个是莫斯科方向。而威胁最大的是莫斯科方向。因为敌人在这个方向上拥有 70 个师的兵力。"

斯大林对他的这一判断表示赞同。但是，在下一步的作战中是以进攻为主还是以防御为主，沙波什尼科夫却提出了与斯大林的想法相反的建议。他说：

"由于敌人在数量上占据优势，而且欧洲还没有开辟第二战场，在最近期间我军应限于实施积极防御，绝大部分战略预备队不应立即赋予具体任务。"

朱可夫完全同意沙波什尼科夫的建议。他发言说：

"近一个时期，德军已从挫折中恢复了过来。而我军在刚结束的冬季攻势中，兵力和兵器损耗过大，需要补充大量的人员和技术装备。加上天气转热，道路变干了，有利于德军最大限度地发挥机动作战优势。因此，下一阶段我军宜采用战略防御态势，以静待变，以静制动。"

接着，铁木辛哥汇报了西南方向的进攻战役，他说：

"西南方向的部队现在无疑应该实施先敌进攻，打乱敌人对我南方方面军和西南方面军的进攻计划，不这样做我们有可能重演战争初期陷入的被动局面。"

伏罗希洛夫发言表示支持铁木辛哥的意见。但沙波什尼科夫却表示怀疑，他说：

"在这个方向举行进攻战役将十分困难……"

"伏罗希洛夫同志，"斯大林果断地打断说，"我们岂能坐等德国人首先进攻呢？苏德战争现在已进入关键时期，从1941年6月德军入侵到同年底是这场战争第一阶段。这一阶段，德军利用突然袭击和机动作战的手段，占领了我们许多土地，表面上我们败了，但从整个战局看，我们没有败。我们在辽阔的国土上与敌苦战，使希特勒速战速决、3个月打败苏联的阴谋彻底落空了。莫斯科会战是战争的转折点。我军在冬季作战中给予敌人沉重打击，使一贯轻视我军的希特勒大为震惊。现在德国人已感到兵力不足，补充困难，已无法全线进攻。我军要进行积极防御，积蓄力量。但不是消极等待，在适当时机、场合主动出击，打乱敌人部署，夺取战场主动权。朱可夫建议只在西方向上展开进攻，在其他方向上实施防御，我认为这是个治标的办法。"

斯大林最后决定：近期内在克里木、哈尔科夫方向和其他地域内准备并实施一系列局部进攻战役，以积极的进攻行动粉碎德军的进攻计划。

希特勒信奉那句至理名言"进攻是最好的防御"，斯大林也同样信奉。他们都认为进攻将给他们带来好运。那么，幸运之神究竟青睐哪一位呢？

▲ 德军指挥官在入侵苏联行动开始时在前线观察。

CHAPTER TWO

第二章

拉启大战的序幕

　　1942 年春夏之交，希特勒的愿望就是和斯大林在战场南翼决战，只要苏军敢打就行，正好一口把你吞了。一场打胜了一半的战役落得如此惨败的结局，终于使斯大林清醒了过来，一招不慎，满盘皆输……

No.1 出师不利

希特勒为了保证进攻斯大林格勒的右翼安全和解除后顾之忧，决定首先进攻克里木半岛。

克里木位于黑海之滨，它是高加索和顿河的南部屏障。1941年秋天起，它成了苏德争夺的战略要地。克里木半岛上空开始被浓烈的硝烟所笼罩。

整整半年，苏德两军展开拉锯战。先是德军稍占上风，曼施坦因指挥的德第11集团军凭借良好的装备冲破苏军防御。但在攻打塞瓦斯托波尔要塞时，遇到苏军顽强狙击。苏军依仗要塞严密的防御阵地，击退了德军的进攻。随着冬季来临，苏军由守转攻，把德军赶出刻赤半岛。之后，战场出现胶着状态。苏克里木方面军从1942年2月到4月接连发动3次攻势，都没有突破德军防御。

进攻克里木半岛的行动由曼施坦因指挥，他是德军杰出的指挥官。他指挥作战不靠勇猛取胜，而多以谋略见长。1940年德军曾出人意料地越过固若金汤的马其诺防线，使巴黎屈膝投降，靠的就是"曼施坦因计划"。1941年夏天，曼施坦因指挥的装甲部队从东普鲁士出发，4天之内横扫200公里，成为苏军最可怕的对手。

曼施坦因给第11集团军制订了代号为"鸨"的进攻计划。第一目标首先是歼灭刻赤半岛上的苏军，然后再转过头来攻击塞瓦斯托波尔的苏军。因为刻赤方面的苏军更容易得到增援，不断构成对第11集团军侧翼的威胁。

苏军在克里木一共有3个集团军，并成立了一个克里木方面军总司令部，就设在刻赤。塞巴斯托堡要塞继续由苏军海岸集团军负责防御，约有7个步兵师、1个步兵旅、2个海军旅的兵力。在刻赤的正面，苏军有第44集团军和第51集团军。在1942年4月底，苏军在刻赤一共有17个步兵师、3个步兵旅、2个骑兵师又2个骑兵旅、4个独立装甲旅。

面对这样强大的兵力，德军所使用的兵力只有5个德国步兵师和第23装甲师，此外还有新到达的罗马尼亚第7军，下辖第19师、第10师和第8骑兵旅。

4月中旬，曼施坦因专程前往元首大本营去晋见希特勒，报告自己在克里木的攻势计划，这是自1940年2月间，作为一个军长把"曼施坦因计划"当面向他陈述之后，第二次谒见元首。在这次会见中，希特勒表现出非常良好的理解力，他很注意听取曼施坦因的意见，不像以前所常有的情形，喋喋不休地引述很多生产数字。希特勒同意他改变优先顺序的做法。

苏军在人数上虽然比德军多，但由于刻赤半岛地形的限制，却不能把所有的防御兵力都用上。而德军的6个师都能一次投入进攻，在局部兵力上，德军还是占优势。

苏军负责防御刻赤半岛的指挥官同时犯了一个判断上的错误，这等于又给曼施坦因提供了一个机会：苏军把兵力的2/3集中在半岛北面，判断德军将会攻击防线北部苏军弧形突出

▶ 埃里希·冯·曼施坦因，
德军中最具才华的将军。

阵地，而在南部，依据其坚固防御阵地，只留 1/3 的兵力。曼施坦因决定出其不意，把德军主攻方向放在南部，沿黑海海岸向南部进入，攻击苏军官员预料不到的地方。

5月8日，德军发起进攻。在轰炸机掩护下，德军坦克蜂拥而入，很快冲破苏军防线。5月16日，德军占领刻赤，17万苏军被俘，海滩上堆满了苏军的各种车辆、大炮。

斯大林十分震怒，立即将统帅部代表梅赫利斯、方面军司令员科兹洛夫中将撤职降衔。并于6月4日发出训令，要求各方面军吸取教训："懂得现代战争的性质，必须把部队做纵深梯次配置和建立预备队。"

当斯大林严厉训斥部属时，他是否意识到最高统帅部应负的责任？科兹洛夫忘了防御，甚至在德军进攻的前一天，还在召开军事会议讨论夺取科伊—阿桑的进攻计划，这是否与统帅部制订的防御中进攻的指导有关呢？科兹洛夫自己说部队按进攻态势布置是为了随时发动进攻。然而他却犯了兵家大忌。攻与守必须根据战场态势而转换，忘了防御的军队哪有不失败的？

刻赤半岛失利后，使据守塞瓦斯托波尔的苏军陷入困境。曼施坦因集中 20 余万人马，把要塞围得水泄不通。经过一个多月的激战，克里木全境落入了德军手中。德军进攻克里木，是斯大林格勒战役的前奏。

战场的态势继续朝着对苏军不利的方向发展。在总结失败的教训时，斯大林对朱可夫说："瞧，这就是防御的结果……我们必须对逃避责任、指挥无能的将领严厉处置。"说着，他又满怀期望地说："铁木辛哥就要在哈尔科夫进攻了。"

当曼施坦因在克里木频频得手时，苏西南方面军司令员铁木辛哥元帅正挥师向哈尔科夫的德军发起猛攻。这次战役是这位战功卓著的元帅用脑袋担保争取来的。

铁木辛哥是一员虎将，他善打硬仗。战争初期，斯大林让他任苏联军事委员会主席。尽管事实上的总司令是斯大林，但铁木辛哥在苏军中的地位举足轻重。

铁木辛哥没让斯大林失望。1941 年秋他组织了基辅保卫战，赢得了时间，使德军对莫斯

▼ 进攻途中的德军装甲部队遭遇到苏军的顽强抵抗。

科的围攻拖延了至关重要的一个多月。在随后的罗斯托夫战役中，他又让德军尝到了失败的滋味。之后，德军厄运临头，在莫斯科城下和冬季作战中连遭败绩。

然而，世上没有常胜的将军，打了胜仗更应保持头脑清醒。铁木辛哥指挥作战勇猛顽强，有时也不免蛮干。1942 年春，他和斯大林一样对战争形势过于乐观。他完全赞同斯大林的判断，既然已判明敌人将对我发动一场攻势，何不先发制人呢？于是他很快制订了在哈尔科夫方向的作战方案，并以急件呈送大本营。

1942 年 3 月底，斯大林电召他飞赴莫斯科。国防委员会召开紧急会议，讨论西南方面军提出的进攻计划。会上总参谋长沙波什尼科夫元帅和朱可夫大将对计划怀有疑虑，但斯大林支持铁木辛哥："我们岂能坐等德寇首先突击！必须在宽大正面上先敌实施一系列突击。"一锤定音！铁木辛哥雄心勃勃地步出会场。

铁木辛哥对哈尔科夫战役充满自信，他对说三道四的怀疑论者说，我用脑袋担保战役的胜利。

铁木辛哥的自信来自对敌情的判断。德军在夏季可能从布良斯克、奥廖尔地域实施突击，

▼ 在高加索前线，为争夺一个村庄，苏军正和德军猛烈交火。

◀ 铁木辛哥元帅（右）在前沿阵地视察。

▶ 苏联士兵在叶尔尼亚反攻。

并绕过莫斯科，前出至高尔基地域的伏尔加河。进而切断莫斯科与伏尔加河流域和乌拉尔的联系，然后攻占莫斯科。

根据这一判断，苏西南方面军和南方方面军在哈尔科夫实施进攻，一定会打乱德军部署，使苏军前出到基辅、切尔卡瑟、五一城、尼古拉耶夫一线。

铁木辛哥元帅差一点成功。

5月12日，哈尔科夫。

树林中隐蔽着整装待发的苏军坦克。当旭日从雾气笼罩的天边冉冉升起时，铁木辛哥下达了开始进攻的命令。命令第一句话就透露出这位元帅的雄心："兹令我军展开决定性攻势。"

攻击起初进展顺利。苏军坦克三天内推进了50公里，德军惊慌失措。冯·博克元帅打电话给希特勒，因为德第6集团军受到猛烈进攻。希特勒动用了克莱斯特集团军以攻对攻，形势突变。苏第9集团军防线被突破，并直接威胁到苏西南方面军突击集群的后方。

1942年春夏之交，希特勒的愿望就是和斯大林在战场南翼决战，只要苏军敢打就行，正好一口把你吞了。铁木辛哥太自信了，当他发动进攻时，他不清楚进攻的正面，德军正屯集着100个师的重兵。当德军反攻时，他又以为是小股部队的骚扰，3天后才作出反应。战机稍纵即逝，保卢斯的第6集团军和克莱斯特军群合围了苏联3个集团军，苏军损失惨重，24万人被俘。成千上万的红军牺牲。壮烈殉国的有方面军副司令员科斯坚科将军、第57集团军司令员彼德拉斯将军和战役集团群司令员博布金将军。

苏西南战区元气大伤。铁木辛哥元帅把这次失败当成了终生耻辱。战役后期，铁木辛哥清醒过来采用且战且退战术，把突围部队带至顿河。不久，西南方面军撤销，铁木辛哥担任新成立的斯大林格勒方面军司令员。但他担任此职只有10天便被免去职务，从此再未被斯大

林委以重任。

一场打胜了一半的战役落得如此惨败的结局，终于使斯大林清醒了过来。一招不慎，满盘皆输。

苏军在克里木、哈尔科夫相继失利后，在列宁格勒、沃尔霍夫方向的进攻也接连受挫。希特勒的军队开始步步紧逼，装甲部队浩浩荡荡地穿过南方草原，苏军已无法堵住这股钢铁巨流。

苏军开始不战而退。清醒过来的斯大林明白了不能与德军在不利时机和地点上硬拼乱打，他只得忍下这口气。德军在一个月的围追堵击下，苏军相继后撤了 150 ～ 400 多公里，已经退到了伏尔加河畔了。

No.2　拉开会战序幕

1942 年 7 月 3 日，希特勒离开"狼穴"乘专机飞往德军东线作战指挥部。他正在考虑要将大本营从"狼穴"迁至乌克兰境内的维尼察，代号"狼人"的暗堡，以便就近指挥第二阶段攻打斯大林格勒战役。

飞机穿越云层，希特勒凝望着机翼下辽阔的苏联大地，心中充满了欣喜。他想到他的军队正兵分三路在这块肥沃的领土上挺进。其中一支他心爱的精锐之师—第 6 集团军已经越过平原，向顿河河岸进逼。一场血战将要在斯大林格勒打响。

这时他的脑海中浮现出 6 个多月前遭到苏军顽强抵抗，最终以德军惨败而告终的莫斯科会战，心中对即将开始的作战有些担心。但随即担心就消失了，眼下正是无处不飞花的夏天，不是严寒的冬季。何况这一次苏军已快崩溃了，他想起前线送来的报告，这位法西斯独裁者脸上露出了残忍的笑容。

1942 年 6 月 28 日，德军在北起库尔斯克，南至塔甘罗格的近 700 公里的战线上发动进攻。不到一周，德军左翼进抵沃罗涅日顿河河岸，然后沿顿河和顿涅茨河之间的走廊带南下，直指斯大林格勒。

不设防的斯大林格勒一夜间成了前线城市。

莫斯科，克里姆林宫。

斯大林面容严峻，手里拿着烟斗，在办公室阴沉着脸，缓缓踱步。

前方的战报让人沮丧。仅仅 3 个月前，斯大林对战局充满乐观、自信。岂料战场形势逆转，苏军节节败退，德军如潮水般涌来，从克里木到哈尔科夫，几乎全线溃退。斯大林还没好好思考一下，德军的坦克已冲向伏尔加河畔。

斯大林连连摇头。他后悔居然没有判断出希特勒夏季攻势的主要方向，更让他痛心的是

▼ 罗斯托夫战斗中，德军每前进一步都要付出很大代价。

哈尔科夫的惨败。现在为时已晚，斯大林格勒危在旦夕。

"报告！"

"进来！"斯大林头都没抬，继续踱着步子。

华西列夫斯基上将走了进来，他将一张地图铺在办公桌上，轻轻地对斯大林说道：

"斯大林同志，我来向您汇报斯大林格勒的防御状况。"

这位接替因病去职的沙波什尼科夫元帅的新任总参谋长，满面倦容，他一边汇报，一边用手指在地图上比划着。

斯大林格勒，原名察里津，位于顿河河曲（即顿河大弯曲部）以东约60公里的伏尔加河西岸，是苏联欧洲部分东南部的政治、经济、文化中心，铁路和水运枢纽，也是重要的军事工业基地和战略要地。当时有人口50多万，各种工厂126个。十月革命后，为了保卫苏维埃政权，幼年的红军曾在这里同帝国主义支持的白卫军展开过激烈的争夺。1918年，斯大林亲自指挥这里的红军和工人进行了胜利的察里津保卫战；1919年，又是斯大林领导南线红军再次收复察里津，粉碎了敌人妄图切断莫斯科同南部粮食、燃料产地的联系从而扼杀苏维埃国家的阴谋。所以后来（1925年）就将察里津改称斯大林格勒。

国内战争结束后，苏联人民很快把这座英雄城市建设得更加壮丽。著名的斯大林格勒拖拉机厂、"红十月"冶金厂、"街垒"厂、造船厂和石油机械厂等平地青云，巍然矗立；波澜壮阔的伏尔加河上，船队疾驶，自如穿梭；在密如蛛网的铁路和公路上，车辆如云，日夜飞驰。这座历史名城，西连顿涅茨工业区，南通巴库、高加索油田和库班粮仓，东接乌拉尔新工业基地，北达首都莫斯科。对斯大林格勒的重要地位，德国人曾作过这样一个比喻：莫斯科是苏联的头脑，斯大林格勒是苏联的心脏。希特勒则直言宣称："斯大林格勒对于我们具有决定性的意义！"

斯大林的眼睛紧紧盯着地图，将手指狠狠地指在斯大林格勒的位置上，斩钉截铁地说："斯大林格勒无论如何要守住，要不惜一切代价阻止德军前进。"

当时在斯大林格勒方向只有第62、第63两个集团军，约16万人，2,000门大炮，400辆坦克，454架飞机。而进攻该城的德第6集团军拥有6个主力军、2个坦克军，27万余人，3,000门大炮，500辆坦克，还得到德第4航空队1,200架飞机的空中支援。于是斯大林作出了命运攸关的决定：组建斯大林格勒方面军，将驻守莫斯科的预备队调往斯大林格勒城。

一道道命令从克里姆林宫发往各地：

7月4日，第5预备集团军司令员接到命令："集团军主力火速进抵顿河东岸，其任务是固守顿河东岸。无论如何也不能让敌军渡过顿河，执行情况要及时上报。"

　　7月9日，驻扎图拉集训的一支后备军被紧急改编为第64集团军，代司令员瓦西里·崔可夫中将奉命率部前往斯大林格勒加强防御。

　　7月11日零时20分，第62集团军科尔帕克奇少将接到命令，要求部署在斯大林格勒地区的该集团军火速进抵该市接近地，在克列茨卡亚至苏诺维基诺设置防线。

　　7月12日，大本营命令组建斯大林格勒方面军，统辖第52、63、64集团军及原属西南方面军的第21集团军、第8航空兵集团军。司令员由原西南方面军司令铁木辛哥元帅担任，赫鲁晓夫任军事委员，博金任参谋长。方面军的任务是固守顿河沿岸，从巴甫洛夫斯克至上库尔莫亚斯卡亚500公里长的防线。

　　7月14日，苏联最高苏维埃主席团通过决议，宣布斯大林格勒进入战争状态。

　　铁木辛哥元帅随着溃退的苏军向伏尔加河畔撤去时，心里是多么不情愿。悔恨和内疚折磨着他，才几天人就瘦了一圈。望着周围军服上沾满血迹和尘土的士兵，他的心在滴血，眼中流露出一种悲凉的神情。

　　当他接到最高统帅任命他担任新组建方面军司令的命令时，他有点出乎意料，感动得两

▼ 苏联妇女代表前来慰问装备着 T-34 坦克的苏军装甲部队。

眼潮湿，暗暗下了决心，拼死也要顶住德军的进攻。

新组建的方面军在各级指挥员的努力下，开始向指定地域开进。在通向斯大林格勒的大路小径上，出现了一支支由部队、坦克、炮车连成的急流。它们昼夜向伏尔加河奔去、向顿河草原奔去。在开阔的地带，每当天空出现德军飞机，这一股股车流、人流或就地待命、养精蓄锐，或跑步跳跃、加速前进。一走进伏尔加河畔，他们就按照命令，消失在茫茫的顿河草原里。

最先进入阵地的是科尔帕克奇少将指挥的第62集团军。该集团军编成内有6个步兵师、4个团和6个独立团，防守着从顿河大弯曲部的克列茨卡亚至苏罗维基诺约90公里的防线。

科尔帕克奇将军经历了多年战争的考验，部队一到目的地，他马上组织防御，组织火力系统，对阵地实施观察。科尔帕克奇站在一座小山岗上，通过望远镜观察着周围的地形。他发现由于战线过长，苏军大部分阵地设置在光秃秃的草原上，没有来得及利用周围河流沟谷等天然屏障。这一地形对防守极为不利，却对德国空军和坦克部队开展进攻大有益处。他不由得深深地担忧起来。

科尔帕克奇不知道，其他部队的准备状况更糟。第64集团军还在由图拉向斯大林格勒进军的途中。

7月17日拂晓。苏第62集团军第192师第676团在顿河草原的普罗宁村与德军第6集团军的先遣部队相遇。两军接火后，德军的坦克就围了上来。第676团战士依仗地形顽强抵抗，德军投入了增援部队，飞机也前来助威。炮声轰鸣，眼看快被包围，苏军开始向后撤退，潮水般的德军向顿河大弯曲部涌来。

这场规模不大的遭遇战揭开了斯大林格勒大会战的序幕，它很快引起世人瞩目，逐渐演变成影响第二次世界大战进程的一次转折性战役。斯大林和希特勒就是从这一天起，把各自越来越多的部队投入到这场旷日持久的血战之中，并最终决定了双方的命运。

No.3 "俄国人全线崩溃了"

被希特勒当作决战来打的夏季攻势，一直进展顺利。为了最后击溃斯大林，希特勒决定将他在腊斯登堡的大本营迁往更靠近前线的苏联境内乌克兰行营。

1942年7月16日上午8时15分，在保卢斯集团军向斯大林格勒发起进攻前一天，希特勒带着随从兴致勃勃地登上飞机。

3个小时后，飞机在乌克兰维尼察降落。"克虏伯"轿车沿着山间小路，驶往被矮树环抱的代号"狼人"的暗堡。

盛夏的维尼察，白天酷热，夜里气温骤降。希特勒很不适应环境潮湿的新营地，他抱怨这里蚊虫太多。但前线的好消息大大缓解了他休息不好导致的情绪沮丧。保卢斯的军队进攻顺利，希特勒高兴地对秘书说："用不了多久，我们就可以离开这个鬼地方。"

的确，德军进展十分顺利。陆军总参谋长哈尔德的工作日记，记录了德军向前推进的辉煌战绩：

"7月13日：南方战役的发展势不可挡。"

"7月16日：会议讨论了即将开始的斯大林格勒会战的设想。"

"7月18日：据侦察部门提供的材料，斯大林将动用全部力量以图坚守斯大林格勒，让军队渡过顿河并扼守该地域……元首在今天的报告里发布最高命令，要求全线强渡顿河，开始夺取斯大林格勒的交战。"

"7月20日：第6集团军胜利地向东南方向推进。"

"7月21口：保卢斯的部队迅速、果断地向斯大林格勒推进。"

"7月22日：第6集团军的推进得到保障。顿河地区宿营警戒组织顺利！"

"俄国人全线崩溃了……"战争时期驻柏林的瑞典记者佛雷多尔格对局势做出了这样的评价。德军最高统帅部也充满了这种情绪。

希特勒被一时的胜利冲昏了头脑。他以为苏军已无力进行抵抗，斯大林格勒可以在向前推进中垂手可得，不必在这个方向上使用重兵了。所以，他不顾一些下属的反对，放弃了德军的经典作战原则。

7月23日，希特勒在维尼察召集他的军事将领开会。在仔细研究了前线形势后，希特勒决定加快进攻节奏，让霍特指挥的第4装甲集团军帮助A集团军群进攻高加索。攻打斯大林格勒只需保卢斯集团军就行了，因为俄国人快要完了。"只要最后一击，我们就扼住了斯大林的喉咙。"

本来，在希特勒的计划中，高加索的战略地位优于斯大林格勒。尽管斯大林格勒是工业城市交通要地，但高加索油田是苏联战时经济的基础。占领高加索等于切断了苏军的战争资源，德军坦克则会得到一直迫切需要的燃料。更重要的是德军越过高加索，德意两军就会携手共同占领英国统治下的中东，并迫使摇摆不定的土耳其对苏作战。高加索的目标关系到轴心国的全球战略。

战后英国军事历史学家富勒分析道，1942年夏天，德军"只有一条路可走，就是摧毁苏联的经济力量，破坏苏军的物质基础。为此就必须夺取苏联的顿巴斯工业区、库班粮田和高

◀ 德国第 6 集团军司令保卢斯（左二）在斯大林格勒前线指挥战斗。

加索的石油。"

里宾特洛甫也声称："当苏联储备的石油用完时，苏联就要屈膝投降了。"

所以，在 1942 年 4 月 5 日，希特勒发出的第 41 号训令中，明确规定德军夏季作战的主要目标就是夺占高加索："要把现有的兵力全部集中到南线去进行主要战役，以便将敌人消灭在顿河以西，尔后夺取高加索的油田并越过高加索山脉。"

由于苏军的失误，使德军夏季作战出乎意料的顺利。此刻希特勒认为德军能同时实现这两个目标，便兵分两路展开进攻。

高加索和斯大林格勒由最初的主次、先后变为同样重要了。

希特勒发布了第 45 号训令，这个训令要求 A 集团军群加速向高加索方向进攻，并认为只需要用第 6 集团军的兵力，在 A 集团军群到达高加索山脉之前就可以夺占斯大林格勒。因此，要求 B 集团军群从北面急速夺取斯大林格勒、阿斯特拉罕，并在伏尔加河地区巩固下来，切

▶ 苏联边防官兵正在西部边境巡逻。

断高加索与苏联中部地区的联系。

这个作战计划，使德军分散在多个战役方向。

这样，在斯大林格勒方向，德军只剩下保卢斯率领的第6集团军了。

保卢斯，黑森人。他是小职员的儿子、罗马尼亚贵族的女婿。他为人谦逊，办事认真，待人和蔼且有礼貌，但过于谨慎，优柔寡断。他是训练有素、经验丰富的参谋军官，在步兵团供职时，官职升到上尉。接着，保卢斯便转入装甲部队，在一个摩托化试验部队当了几个月的指挥官，因此，他没有多少指挥经验。1940年被陆军参谋总长弗朗兹·哈尔德选至参谋总部任重要职务，后任副参谋总长。在参谋总部任职时，他掌管过"巴巴罗萨"计划的大部分早期制订工作。1942年1月，保卢斯晋升为上将，并出任德军第6集团军司令。第6集团军是东线最大的一个集团军。

▲ 一名苏联士兵正在把 5 枚手榴弹捆在一起准备攻击德军坦克，其威力相当于一枚小型炸弹。

保卢斯较寒微的出身与谦恭的言表，受到纳粹党的青睐。他对哈尔德一贯敬重并有浓厚的友情，但他可不是那种善于阿谀奉承的小人。尽管如此，他似乎对于希特勒的判断力和军事才能也有很高的评价。希特勒是发展装甲兵的赞助人，保卢斯与他志同道合。保卢斯肯定明白他既是希特勒的宠儿，又是哈尔德的宠儿。他不贪图功名，但缺乏那种紧要关头作为杰出指挥官所必须具有的坚定性格。尽管哈尔德曾说保卢斯沉着冷静，但消极被动对他来说，可能是更恰当的描写。他与哈尔德一样生来就是唯命是从的人。希特勒准确地估计到他一贯服从的特点，因而选择他作为自己在行政与军事方面的重要心腹。

保卢斯是个勤勉有才干的军官。他所作的大部分工作都是希特勒亲眼看着完成的。希特勒显然很器重他，因为仅在 1942 年的 11 个月中，他就由中将迅速晋升为上将。希特勒在即将发动夏季攻势时，对保卢斯说："如果我拿不到迈科普和格罗兹尼的石油，那么我就必须结束这场战争。"

哈尔科夫战役后，第 6 集团军士气旺盛。攻城拔寨，不到一个月就打到伏尔加河畔。17 日在普罗宁村与苏军交火后，由于兵力不足耽搁了两天。等主力一到，苏军立刻溃退了，作战行动又按计划顺利进行。一周内，他的集团军已将顿河弯曲部的苏第 62 集团军包围，进抵到卡拉奇地区，距斯大林格勒市区只剩 150 公里了，也许不出几天就结束战斗。

此时，第 6 集团军编成内共有 5 个军，共 18 个师。其中有 2 个装甲师、1 个摩托化师，这 3 个师组成了第 40 装甲军，由施图姆指挥。

7 月 22 日，德军第 6 集团军司令部。

晚上 8 时，集团军各军司令官已准时到达司令部作战室。

"立正！"随着一声口令，保卢斯微笑着走了进来，他的身后紧跟着施密特少将和集团军首席副官亚当。

保卢斯优雅地举起双手，示意大家坐下，然后清了清嗓子，高声地说："先生们！刚刚收到元首签署的第 45 号作战命令，进攻斯大林格勒战役开始了。元首命令我们 B 集团军群的任务是，在向斯大林格勒推进的过程中建立起顿河防线；击溃正在组建的敌兵力集团，占领该城；封锁顿河和伏尔加河之间的桥梁以及河流。下面由施密特布置具体任务。"

施密特少将开始布置具体任务："为了抢在苏军后备军赶来之前夺占该城，我集团军分成两个突击集群。北部集群由坦克第 14 军、步兵第 8 军（后来还有第 17 军）组成，位于佩烈拉佐夫斯基；南部集群由步兵第 51 军、坦克第 24 军编成，位于奥勒利夫斯卡亚地区。7 月 23 日，两集团军在顿河大弯曲部内沿顿河河岸向卡拉奇推进，在该地区会师，强渡顿河，夺占斯大林格勒。"

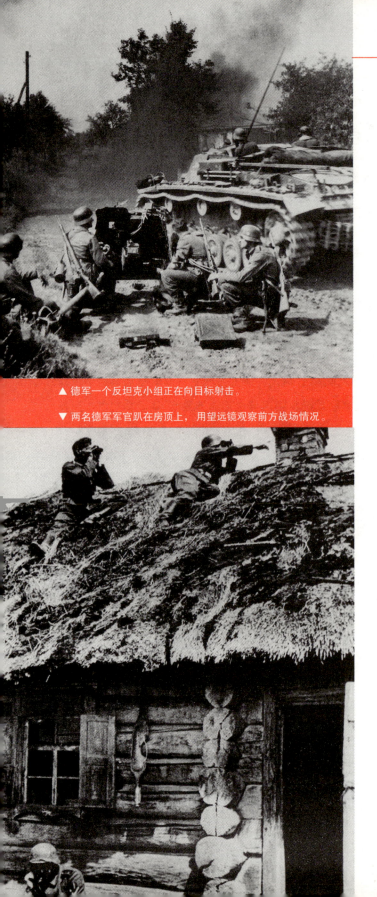

▲ 德军一个反坦克小组正在向目标射击。

▼ 两名德军军官趴在房顶上，用望远镜观察前方战场情况。

施密特少将布置完任务后，走向一幅挂图旁，指着地图上的箭头介绍说："苏军在斯大林格勒正集结重兵，司令官由戈尔多夫接替了铁木辛哥，在巴甫洛夫斯克到库尔莫亚尔斯卡亚一带设置防线，防线正面530公里，纵深120公里。兵力配备由第21、62、53、64集团军作第一梯队；第57、28、38集团军为预备队。别看有这么多集团军编号，有的是原西南战区溃退的散兵收容组成，有的刚从后方调来，缺少作战经验，武器装备严重不足。苏军的外围防线也只是一些普通的野战沟壕，对我军不会构成大的威胁。待战役打响后，意大利第8集团军，罗马尼亚第3集团军将赶来参战。

待施密特布置完任务后，保卢斯站了起来，鼓动说："先生们，攻打斯大林格勒是我集团军历史上最大的一次攻坚作战。我们必须明白，苏联人已危在旦夕，只要再来一次果断的冲击，他们就垮了。快去准备吧，你们动作要快、要猛！"

7月23日拂晓，顿河右岸的上布律诺夫卡、马诺伊林和卡缅斯基一带响起激烈的枪炮声。德军北部集群以优势兵力向苏第62集团军右翼阵地扑来，苏军第62集团军近卫军第33师、步兵第192师、184师奋起迎战。

在第 62 集团军近卫军第 33 师第 84 团的防御地域内，防坦克枪手博洛托、萨莫伊洛夫、别利科夫和阿列伊尼科夫所在的排，守卫在克列茨卡亚以南的一个山冈，经过残酷的战斗，只有他们 4 人幸存。

又一次战斗结束了。他们 4 人整修好工事，隐蔽在阵地前，边吃干粮边交谈着。

"如果没有干粮，我们吃别的东西也能对付活下去，"博洛托掂着手中的干粮说，"可是如果没有炮弹和手榴弹，咱们准得完……"

话还没说完就被一阵坦克的轰鸣声打断了。他们警觉地循声望去，只见一群坦克黑压压地开了过来。

"一共 30 辆，"别利科夫迅速数完坦克数量，给大家分配了任务。"怎么样，干吧。每个人分 7 辆，还剩 2 辆大家一起打。"

他们不动声色，将防坦克枪瞄准了远处的坦克群。德军坦克开始展开队形，准备向山冈发起冲击。身穿黑色军服的德国兵见山冈上没有动静，干脆全都打开坦克顶盖，将半截身子暴露在外面。

坦克越来越近，瞄准镜内的十字线看得十分清楚。博洛托瞄准行进在最前面的一辆，扣动了反坦克枪的扳机。

随着"轰"的一声巨响，坦克颤抖了一下，冒起一股黑烟。

紧接着，别利科夫瞄准第二辆坦克扣动了扳机！枪弹击中油箱，坦克立即燃起大火。

另外 2 位英雄也是首发命中，各击毁一辆坦克。稍后，博洛托和别利列夫义各瞄准一辆坦克，连开数枪，将 2 辆坦克打得趴在那里燃烧起来。

德国人发怒了。轰炸机开始轮番轰炸，把小土岗炸得树黑土焦。轰炸一停，阵地前又冒出德国人的坦克。他们这次将暴露的身子缩回到坦克里，向山冈凶猛地扑来。

4 位英勇的战士沉着应战，机动灵活，打一枪换一个地方，又连续击毁了数辆坦克。

敌人终于退走了。山冈附近留下 15 辆燃烧的坦克。

4 位战士的英雄事迹立刻传遍前沿，阵地上掀起了杀敌竞赛热潮。这一天，第 84 团共击毁德军坦克 45 辆，打退了敌人数十次进攻。

次日，德军加强进攻，终于突破了苏 184 师、192 师的阵地，战斗打得异常激烈。

突然，德军以一个营的兵力出现在第 92 师司令部。师长扎哈尔琴科上校立即组织参谋人员反击。扎哈尔琴科率领 20 余位师部参谋边打边退。

这时，一架德国飞机从低空飞来了。扎哈尔琴科端起机枪对空就是一阵猛射，德机被击中油箱凌空爆炸。

▲ 红军士兵发起进攻，近处是卫生员正在替一名伤员包扎伤口。

　　这时一颗炮弹落在他的身旁，随着一声爆炸，扎哈尔琴科当场牺牲。这一天苏第 192 师伤亡过半。

　　7 月 24 日夜，德军北部集团群突入第 62 集团军的防御纵深，双方发生激战。德军航空兵对集团军阵地狂轰滥炸。

　　德军最后突破了第 62 集团军右翼，并包围了布置在右翼的苏步兵第 184 师、192 师，近卫步兵 33 师、坦克第 40 旅和 3 个炮兵团。

　　第 62 集团军司令部位于顿河左岸的卡梅什村。此时，科尔帕克奇少将心急如焚，他与政治委员古洛夫商定后，决定组织力量实施反冲击，恢复集团军整个右翼的原有态势，并向方面军司令部汇报了情况。

　　苏军战士冒着飞机和炮火的轰炸，向德军发起了英勇的反击。德军凭借飞机和坦克的优势，突破了第 62 集团军的防御正面，在卡拉奇以北 20 公里处的卡缅斯基地区渡过顿河，开始从北面深入纵深包围第 62 集团军的左翼。科尔帕克奇少将将步兵第 196 师和坦克第 649 营调往该地。

　　第 62 集团军的处境越来越困难。

　　此刻，苏军第 64 集团军同样在困境中抗击着进攻的敌人。

　　第 64 集团军 7 月上旬奉命由图拉南下，7 月 17 日司令部接到斯大林格勒方面军司令员的训令："第 64 集团军辖步兵第 229、第 214、第 29 和第 112 师，第 66 和第 154 陆战旅，坦克第 40 和第 137 旅，应于 7 月 18 日夜晚进到苏罗维基诺、下索洛诺夫斯基、佩歇尔斯基、苏沃罗夫斯基、波捷姆全斯卡亚、上库尔莫亚尔斯卡亚一线组织防御，以顽强的战斗阻止敌人向斯大林格勒进犯。同时每个师应派出一个团的兵力，并配属有炮兵，组成前进支队，配置于齐姆梁河地区。"

此时，第64集团军才刚下火车，距离斯大林格勒方面军指定的防御地区120多公里，于是连夜奔袭。7月24日，部队才集结完毕。在苏沃罗夫斯基至上库尔莫亚尔斯卡亚地带展开。并立即与德军接上了火。

No.4 第 227 号命令

7月23日，就在德军于顿河大弯曲部发动猛烈攻势当天，华西列夫斯基上将匆匆赶到莫斯科机场，登上了一架在此等候的专机。他是以统帅部代表身份奔赴斯大林格勒的。

望着窗外掠过的浮云，华西列夫斯基想起临行时斯大林对他说的话："敌人采用了声东击西的战术。他们把一些部队调到齐姆拉河吸引我们注意，借此机会将主力调到第62集团军右翼。现在顿河弯曲部危机已影响全局，你要想办法恢复原势态。"

▼ 红军士兵在 T-34 坦克掩护下向前推进。

　　飞机徐徐降落在斯大林格勒机场，新任方面军司令员戈尔多夫亲自到机场迎接他。戈尔多夫阴沉着脸，华西列夫斯基知道前线的形势比他想象的要严重得多。

　　当日，华西列夫斯基就召集方面军领导召开作战会议。戈尔多夫首先介绍了方面军的防御情况，他说：

　　"已经接到第62集团军的报告，第62集团军的右翼被德军突破，第64集团军也面临德军强大的攻势。与第62、64集团军对峙的德第6集团军在数量上占有绝对优势：其步兵为我军的1.5倍，炮兵为我军的2.6倍，坦克为我军的2倍。而我们的阵地工事简陋，第64集团军刚进入阵地就投入战斗，弹药不足、缺乏经验影响了战局。整个战争形势十分严峻……"

　　听完戈尔多夫的介绍，华西列夫斯基分析说："保卢斯为什么要集中力量攻击第62、64集团军呢？这意味着两点，敌人采用两翼突破纵深包围战术，围歼第62集团军；同时进抵卡拉奇，强渡顿河，在行进间占领斯大林格勒。这一招好狠毒！现在德国人第一目的已经达到，

▼1941年8月，一辆德军坦克在向前线开进途中。

无论如何要阻缓敌军进攻势头。我们再不采取果断措施，整个我军防线就崩溃了。目前第21、62、63、64集团军正在与敌交战，唯一可支配的只有正在组建的坦克第1和第4集团军。"

实际上坦克第1集团军才刚组建一天。

7月22日，第38集团军司令莫斯卡连科少将接到命令，将部队改编为坦克第1集团军，下属坦克第13、第28军，步兵131师、两个防空炮兵团，一个反坦克炮兵团和第168坦克旅。

第二天，莫斯卡连科接到方面军的命令，让他两天后向敌发起反突击。接到命令后，莫斯卡连科立即带领部队出发，边走边进行战斗准备。

7月25日，天刚破晓，德军第6集团军北方集群的坦克部队已逼近卡拉奇渡口，离渡口仅剩最后二三公里的路程。

卡拉奇正好处在第62集团军和第64集团军的结合部，如果让德军占领渡口，德军会源源不断渡过顿河，就会将两个集团军分割开来。

在这危急时分，莫斯卡连科带领他的坦克部队赶到了。他指挥部队在行进间向敌人发起进攻。

一场坦克遭遇战开始了。

莫斯卡连科在阵地前举着望远镜观察，只见坑坑洼洼的荒坡上，两股坦克集群在全速前进中猛烈撞击，并不停地喷射着火焰。空中传来飞机引擎的轰鸣声，几架德国飞机赶来俯冲投弹。

莫斯卡连科仔细观察着战场形势，他认为从侧翼突击敌人的有利时机到了。他要通了坦克第28军军长的电话："罗金上校，快组织突击队从侧翼进攻。"

不多时，敌人坦克战斗队形的侧翼出现了十几辆苏军坦克。德军坦克队形立即大乱。

德军开始全面撤退，苏军坦克占领了阵地，并迅速组织防御，准备抗击德军的再次进攻。

在距斯大林格勒150公里的顿河西岸，德军陷入了旷日持久的血战。从卡拉奇地域向西北方向对敌实施的首次反突击，制止了德军沿顿河右岸向南继续发展进攻。

卡拉奇渡口终于转危为安。敌人继续向东推进的行动被阻止了。

华西列夫斯基付出了不少代价，阻止了德军占领卡拉奇，但还没有来得及高兴，他又为第64集团军阵地的安危担忧了。

7月25日，德军以2个步兵师和1个坦克师的兵力攻打第64集团军第229师，该师仅有5个营的兵力，却防守着15公里宽的正面。德军在数量上占绝对优势，但接连发动数次进攻都失败了。

战至中午，阵地上的苏军死伤过半，弹尽粮绝。德军在一次猛攻后终于得手。该师指挥

▲ 苏联步兵正在阵地上等待出击。

所亦受德军攻击，师长被迫后撤，与部队失去联系。

次日，德军坦克潮涌般地辗过苏军第 229 师防线，快速向顿河右岸推进。

如果不立即阻止住德军的推进，让德军从南面逼近苏军第 62 集团军的翼侧和后部，苏军的防御将会陷入全面的被动。

朱可夫接到报告后，急调海军陆战第 66 旅的一个炮兵营前去拦截。

朱可夫站在前沿掩蔽部，面色焦急，一只手拿着望远镜，另一只手拿着电话筒，扯着沙哑的嗓门喊：

"中尉同志，无论如何得挡住敌人的坦克，你的后方已经没有预备队了。"

炮兵营长达特里耶地中尉带领部队占领阵地后，还没挖好工事，德军的坦克就出现了。25 辆坦克在距炮兵发射阵地 2 公里的地方展开队形，一边向前开进，一边猛烈射击。

坦克离炮兵阵地的距离太远，如果马上开火效果不好。因此，炮手们不管敌人火力有多

猛，始终保持沉默，他们在耐心地等待着战机的到来。

有的战友中弹倒下了，有的战友的伤口在流着鲜血。他们看在眼里，记在心上，仍然默默地等待着。

敌人的坦克越来越近了。当还有 400 米时，营长一声令下，全营的火炮同时怒吼。转眼之间，好几辆德军坦克起火冒烟。

但是，其余坦克吐着火舌，继续向前冲击。

炮兵营的伤亡越来越大。炮手牺牲了，立即由侦察员和通信员顶上来。

经过 1 个小时的战斗，德军丢下 12 辆被击毁的坦克，狼狈地退了回去。

7 月 28 日 16 时 45 分，苏联最高统帅部向戈尔多夫将军下达命令：

"鉴于奇尔河口以南第 64 集团军步兵第 214 师已撤到顿河东岸，敌人也在这里抵达西岸，下奇尔斯卡亚至斯大林格勒方向是目前整个战线最危险的方向，因而也是最主要的方向。危险就在于，敌人渡过顿河后，势必从南面向斯大林格勒迂回，并进入斯大林格勒方面军的后方。

"方面军近日的主要任务是：第 64 集团军各部队、连同抵达卡拉奇及其以南的步兵第 204、321 师和坦克第 23 军，要积极行动，最晚不迟于 7 月 30 日粉碎在下奇尔斯卡亚以南抵达顿河西岸之敌，并在这里全面恢复对斯大林格勒地区的防御。"

第 64 集团军为掩护在顿河作战的第 62 集团军左翼，朱可夫将军把步兵第 112 师派往顿河右岸洛戈夫斯基地区，占领奥辛诺夫斯卡亚至上奇尔斯卡亚的防御阵地，将步兵第 229 师各部调往苏罗维基诺至大奥辛诺夫卡地区。

步兵第 112 师抵达指定地区后，德军从第一阵地击退，继而攻到上奇尔斯卡亚车站。步兵第 229 师掩护着第 62 集团军右翼。

这样一来，形势有所好转，为组织新的防御赢得了时间。

这样，在第 64 集团军正面，德军没有达到预期目的。敌军突破第 64 集团军第一防御地带后，未能继续发展进攻，被迫放弃在该地强渡顿河的打算。集团军各部队充满了阻止和击溃敌人的信心。

德军第 6 集团军的南部集群被滞留在苏罗维基诺。战线在这一地区稳定下来了。

敌人虽未能像他们指挥部打算的那样，于 7 年 25 日占领斯大林格勒，但斯大林格勒方向的形势仍然是紧张的。

7 月底，在顿河大河湾和斯大林格勒方向，激烈的战斗一直在进行着。枪炮声隆隆不断，硝烟弥漫着整个天空。

疯狂的法西斯匪徒与英勇的红军战士争夺着每一寸土地，抢占着每一个顿河渡口。双方都损失惨重，筋疲力尽，但双方仍然在进攻和防御。一望无际的草原上热浪滚滚，战斗的激烈程度也像炎热的天气一样，掀起了更大的热潮。战场上弹坑密布，血肉横飞，这越发激起了双方拼死相搏的斗志。

最高统帅斯大林一直在关注着斯大林格勒的局势。这不仅是因为这座以他的名字命名的城市不允许受到玷辱和蹂躏，而且是因为这座城市对通贯苏联南北、保障燃料运输至关重要。

1918 年，正是他，挥戈跃马，统帅大军，在这里击溃了邓尼金匪帮……他想起了当年的战斗生活，想起了激烈的战斗情景，想起了他常喜欢去领略的斯大林格勒的市容民风。

他常去那里消夏。和平时期的夏夜，斯大林格勒是那样的怡然、宁静。城郊宽广的草场上，星星在天空含笑，清晰明亮；伏尔加河在月色中闪动着粼粼波光，凉风习习；小虫在草丛中低吟，欢快的人群踏着舞步，尽情地歌唱。悠扬的手风琴声传得很远很远。

然而，在这同样的夏夜，他再也不能享受这美好的一切了。那宽广宁静的草场已经变成了弹坑密布的战场，欢快而悠扬的手风琴声已经变成了炮弹的轰鸣，伏尔加河的粼粼波光已经被鲜血染红……

这都是德国法西斯分子造成的，决不能让他们的罪恶目的得逞。一定要顽强抵抗，坚决阻止敌人的进攻。

要死守！

死守。斯大林无数次地重复着这个命令。

面对德军的强大攻势，顽强的红军被迫一步步向后撤退，渡过顿河，沿河岸展开新的防御。灼热的尘土伴送着一批批后撤的战士，头顶上成批地落下敌人的炸弹。许多兵团撤退时秩序紊乱，给防御部署带来了新的困难。

第 1 和第 4 坦克集团军的反突击，第 62、第 64 集团军的艰苦防御虽然暂时稳定了战线，但敌人正在调兵遣将，大规模的进攻仍然要继续，顿河沿岸以至整个斯大林格勒的局势仍然很紧张。德军从第 62 集团军两翼实施纵深包围，并抵进第 64 集团军防御的下奇尔斯卡亚地区。出现了从西南方向突向斯大林格勒的威胁。

7月28日，总参谋长华西列夫斯基上将回到莫斯科，向斯大林汇报前线情况。临结束时，斯大林突然谈起了部队的状态问题：

"各个部队把1941年8月16日大本营的第270号命令都忘记了，都给忘记了，特别是各级司令部。您要起草一个给部队的新命令，基本思想是，未接到命令就退却是一种犯罪。它将受到战时最严厉的惩处。"

"什么时候把命令呈报给您？"

"就今天，文件一拟好，就送来。"

华西列夫斯基上将拟好的命令交给斯大林。斯大林特别详细地审订了最后几点，然后命令以国防委员会的名义送发各部队。

7月28日，意义重大的第227号命令发布了。命令毫不隐讳地说明了当前局势的复杂性和危险性，要求军人们停止后退，坚决挡住敌人的攻势：

"敌人正不惜任何代价往前线投入精锐部队。他们拼命向前推进，扑向我国腹地，不断占领新的土地，洗劫我们的城市和村庄。他们奸淫妇女，抢掠财物，残杀人民。

战斗正在沃罗涅日，在顿河流域，在南方靠近北高加索的大门口进行。德国占领军正扑向斯大林格勒，冲向伏尔加河，妄图不惜一切代价占领库班河和北高加索，攫取那里的石油资源和粮食资源。

敌人已经占领了伏罗希洛夫格勒、斯塔罗别尔斯克、罗素什、库普扬斯克、瓦卢伊基、新切尔卡斯克、罗斯托夫和半个沃罗涅日……在失去乌克兰、白俄罗斯、波罗的海沿岸、顿巴斯和其他地区以后，我们的土地大大缩小了。人口、粮食、钢铁、厂矿也减少了许多。我们失去了7,000多万人口、年产8亿多普特粮食的产粮区及年产1,000千多万吨钢材的生产能力。

现在，我们已失去了人力资源的优势，也丧失了粮食储备的优势。继续后退不意味着自杀，就等于亡国。

我们每失掉一寸土地，就等于加强了敌人，就会极大地削弱我们的防御，削弱我们的祖国。因此，必须从根本上清除无休止退却论，清除'我国地大物博，人口众多，粮食取之不尽'之类的论调。这些论调是错误的、有害的。它将削弱我们的斗志，助长敌人的威风。如果我们不停止退却，我们就会失去所有的粮食、燃料、钢铁、原料、工厂和铁路。由此可见，是停止退却的时候了。

'不准后退一步'，这应当成为我们当前的主要口号。要不惜流血牺牲，顽强地坚守每个阵地，每寸领土，要死守每块国土，直到最后一息。

我们的祖国正处在危难之际。我们应该站稳脚跟，然后不惜一切代价击退并消灭敌人。德寇并不像某些惊慌失措分子想象的那样强大，他们已成为强弩之末。在眼前和近几个月内顶住敌人的突击，我们就可稳操胜券。

我们能够顶住敌人的突击，然后把他们赶回去吗？能够。因为现在我们后方工厂在突飞猛进地生产，我们的前线正在得到越来越多的飞机、坦克、大炮。

我们还缺什么呢？我们缺的是，在所有部队中建立铁的秩序和纪律。这是我们当前致命的弱点。如果我们要挽救局势，捍卫祖国，就必须在军队中建立起严格的秩序和铁的纪律……

惊慌失措者和胆小怕死者要就地枪决。从今以后，每个指挥员、红军战士、政工人员都应遵守这个铁的纪律：没有最高统帅部的命令，不准后退一步。"

第 227 号命令简而言之归结为以下几条：

1. 无条件地消除退却的情绪。

2. 无条件地撤销听任部队擅自撤离阵地的集团军司令员的职务，并解送大本营交军事法庭审讯。

3. 在方面军中成立 1 ~ 3 个（视情况而定）惩戒营（每营 800 人），派中级和高级指挥员和相应的政工人员前去任职……

第 227 号命令极大地震动了苏军指战员，对部队的士气产生了巨大影响。

它让每个军人在了解前线面临的严重局势的同时，加深了对这个严厉命令的正确理解。这个命令引起了苏军的强烈反响。每个战士、每个指挥员都深深地感到了对祖国、对人民应负的责任。的确，他们已经无路可退了。

第 227 号命令鼓舞了前线将士的士气，激发了他们顽强拼搏的精神。德军的突击遭到了更加顽强的抵抗。

▲ 一支德军摩托化部队悄悄潜入苏联境内。

CHAPTER THREE

第三章

燃烧的伏尔加河

希特勒高兴地说："对，这是天赐良机。我要改变作战计划，把苏军主力歼灭在伏尔加河畔。"

▲ 崔可夫将军阻止了德军对斯大林格勒的进攻。

▲ 德军入侵苏联前期，陆军总司令布劳希奇（中）正与手下一起商讨作战计划。

No.1　天赐良机

乌克兰，维尼察。

希特勒正翻阅着办公桌上一份份来自苏联方向的电报，眉头皱得越来越紧。

7 月 25 日华西列夫斯基组织的反突击，是希特勒始料不及的。他没想到，溃退的苏军竟然有力量如此凶狠地进行反攻。

看来苏军夏季作战的失利虽然造成战局被动，但苏联的力量并没有枯竭。他看到东线情报处长盖伦上校的一份情报。声称在 7 月份的 1 个月内，斯大林就重新组建了 54 个步兵师和 56 个装甲师。斯大林现在拥有 593 个师的兵力，一个月能生产 1,000 辆坦克。希特勒搞糊涂了，他怎么也不相信苏联人会越打越多。

希特勒不愿意再多想了，他告诉秘书立刻把参谋总长哈尔德召来。

哈尔德很快赶来了。看到元首阴沉着脸，他鼓起勇气说：

"元首，苏联人的反攻是暂时的，我们有办法占领斯大林格勒。"

希特勒一听，顿时精神一振！

哈尔德阴险地笑了笑，说：

"现在苏联人正在向斯大林格勒集结重兵，这正是最后击溃苏军主力的难得机会。我们何不将原先处于辅助目标的斯大林格勒变为主要作战方向。"

希特勒高兴地说:"对,这是天赐良机。我要改变作战计划,把苏军主力歼灭在伏尔加河畔。"

数小时后,一份从维尼察发出的密电传到霍特将军手里。

正在向高加索全速前进的德国第4装甲集团军奉命停止前进,掉转头向顿河以南推进,越过卡尔穆克草原,配合第6集团军从南面进攻斯大林格勒。

一场旷日持久的血战开始了。

霍特的坦克第4集团军编成内有坦克第48军(坦克14师和摩托化步兵第29师),步兵第4军(步兵第94、317师)和罗马尼亚第6军。夏季作战以来,坦克第4集团军连战皆捷,士气正旺。接到希特勒命令后,即刻南下,只用两天时间就驰驱数百公里。7月29日未遭抵抗渡过顿河,出现在斯大林格勒南部。

这一地区由苏第51集团军设防。该集团军只有4个步兵师、2个骑兵师,防线长达200公里。兵力分散,又没有坚固的工事,而德军是坦克、火炮和飞机联合作战,只几个回合,防线就垮了。

第4集团军长驱直入,配合西南方向保卢斯集团军,不顾一切冲杀过来。8月3日,进至阿克赛河;8月5日,向阿勃加涅罗沃、普洛多维托耶推进;8月7日,向第74公里会让站、

▼T-34型坦克迎着风雪奔赴斯大林格勒前线。

京古塔车站冲来。

形势万分危急！苏军最高统帅部立即作出反应：

命令第62集团军加强顿河以西阵地防御，挡住保卢斯集团军突击；

命令第64集团军在霍特集团军突破方向（格罗莫斯拉夫卡、京古塔一带）设置纵深防御；

命令第64集团军副司令员崔可夫中将（7月28日舒米洛夫少将任该集团军司令员）率独立战役集群（步兵第29、138、157师，坦克第6旅、第154海军陆战旅、2个坦克团）奔赴阿克赛河一带，堵住南部缺口。

斯大林还根据形势变化，调整了苏军指挥系统。将原斯大林格勒方面军分为两个独立方面军：东南方面军由戈尔多夫中将任司令员，管辖第64、57、51、近卫第1集团军、坦克第3军和航空兵第8集团军；斯大林格勒方面军由叶廖缅科上将指挥，管辖第21、62、63集团军、坦克第4集团军、第8军和航空兵第16集团军。

斯大林在给两位方面军司令员的训令中，命令他们要不惜一切代价，粉碎德军从南、西两个方向进攻斯大林格勒的企图。

经过一番调兵遣将，两军在顿河大弯曲部展开了激烈较量。包围与反包围、冲击与反冲击，冲上去、打下来，阵地前的掩体、堑沟、弹坑都成了争夺焦点。无休无止的拉锯战，使顿河上浮现起殷红的鲜血，炮弹爆炸开来，飞溅起血染的水花。

8月5日，在阿克赛河一带，霍特第4集团军在飞机和大炮的掩护下，向苏第138师和第157师扑来。德军在一天内发动十几次进攻，终于冲垮了苏军坚忍顽强的防守，从两个师的结合部深深地楔入数公里。

当晚，崔可夫将两位疲惫的师长从阵地上找来，告诉他们："德军在前面山谷集结了大批坦克。在敌人凌晨发动进攻前，我们用炮火把山谷里的德军打趴下。"

次日破晓前，第138师和157师400余门大炮一齐对准了那一片幽幽的山谷。

"开炮"，随着一声令下，万枚炮弹齐发，群山在轰隆的炮声中颤抖着。崔可夫从望远镜里看到，山谷里冒起一股股浓浓的黑烟和火焰，数十辆坦克燃烧起来，惊慌失措的德国人正四处溃逃。

苏军的炮火使疯狂的德国人推迟了数小时才发起冲锋。战场上态势依然严峻。

不久，霍特集团军的进攻开始了，德军凭着优势兵力攻破崔可夫集群防御阵地，向苏64集团军左翼——阿布加涅罗沃和京古塔区域进发。经过两天激战，势单力薄的苏军被击溃，德军占领了第74公里会让站。这样一来，德军在斯大林格勒外围南弧形线地带的一个地段上突破了苏军的防御。距斯大林格勒市区只剩30公里。

叶廖缅科上将立即采取紧急措施，他集中了方面军所有的预备队和兵器，共 4 个师，1 个坦克旅，补充加强了第 64 集团军，并组织对突破第 74 公里会让站外围的德军实施反突击。

在第 74 公里会让站，坦克第 133 旅表现出色。旅长布勃诺夫少校进攻前对全旅官兵说："弟兄们，我们没有退路了，我们身后就是伏尔加河和祖国。"

他一说完就率先驾驶着一辆 KB 式坦克向德国人冲了过去。德军终于被赶出第 74 公里会让站。战斗中，德坦克第 14 师第 36 团 200 多辆坦克只剩 24 辆，但苏坦克第 133 旅 1,200 多人也伤亡近 400 人。

8 月 13 日，叶廖缅科上将兼任斯大林格勒方面军司令，两个方面军所属各部队全部归叶廖缅科上将指挥。

▼ 德军与苏军在斯大林格勒郊外激战。

▲ 德军党卫军装甲部队在向前推进途中。

西面的保卢斯集团军乘霍特集团军节节推进的时机，也发动了攻势。

8月7日晨，德军以两个军的兵力向第62集团军南北两翼发起攻击。第62集团军撤至顿河左岸。

8月12日，华西列夫斯基将军再次飞抵斯大林格勒督战。疲惫不堪的苏军在缺少树木的顿河草原上仓促挖掘战壕，组织新的防线。

15日晨，保卢斯以16个师的兵力对苏第4坦克集团军的防御阵地进行猛烈突击。德军冲破苏军防线后，以坦克部队作为楔子直插顿河，并将苏军第62集团军切割、包围。

苏第192师殊死抵抗。师长茹拉廖夫上校身负重伤。参谋长塔兰采夫、师政治部主任谢列布里亚尼科夫壮烈牺牲。全师3,000余人，除数百人突围外，全部阵亡。

位于顿河右岸的苏第184、第205师亦损失惨重，双方士兵尸体遍布战场。

8月17日，德军以惨重代价占领顿河右岸。历时1个月的顿河弯曲部战斗落下帷幕。在这1个月中，苏军顽强抵御，使德军只推进60～80公里。希特勒只好放弃行进间占领斯大林格勒的计划。

希特勒重新调整了进攻斯大林格勒的计划。决定德军第6集团军组成北突击集团，第4

装甲集团军组成南突击集团。

8月19日，两个突击集团各以9个师（总计18个师）的兵力，同时对斯大林格勒展开了强大的钳形攻势。为配合这两个突击集团的行动，德军还以两个师从卡拉奇向东推进。

这次攻势，德军总共动用21万人、2,700门火炮、600辆坦克和1,000架飞机。

德军的强大攻势，给苏军防御带来了极大的困难。

No.2 形势万分危急

8月23日上午9时，叶廖缅科上将正在与指挥部的参谋人员研究战场情况，电话铃突然急促地响了起来。他马上抓起听筒。

"空军第8集团军参谋长谢列兹涅夫向您报告。歼击机飞行员刚刚侦察归来。"谢列兹涅夫报告说："据侦察，小罗索什卡地域正在进行激烈的战斗。遍地都在燃烧。飞行员发现了两路敌人坦克纵队，每路约100辆，后面跟着满载步兵的密集的汽车纵队，正向斯大林格勒开来，先头纵队正通过小罗索什卡防线。敌航空兵分成数批轰炸我军部队，为其坦克和汽车纵队清理道路。"

"命令你集团军的全部飞机立即起飞，向敌坦克纵队和摩托化步兵实施强有力的突击！"叶廖缅科大声命令。

"是！"

叶廖缅科马上又要通东南方面军空军司令员赫留金少将，向他下达了同样的命令。

此时，方面军汽车装甲坦克兵主任什捷夫涅夫和方面军作战部长鲁赫列少将应召赶到。

叶廖缅科向他们介绍了最新情况后，命令他们立即将预定进行整编的两个坦克军的余部组成一个集群，交由什捷夫涅夫指挥，阻止敌坦克和摩托化步兵从西北方向突向斯大林格勒，并准备实行反冲击。事实上，这两个坦克军当时只有25辆坦克。

他们正在商议着坦克集群突击的具体方案，方面军通信主任科尔舒夫少将的电话打断了他们的谈话：

"在科特卢班车站附近，敌人坦克击毁我军用列车，正向斯大林格勒前进。"话音刚落，卫戍司令兼第10师师长萨拉耶夫上校走进指挥部。

"敌人的坦克距斯大林格勒只有14～15公里了。"叶廖缅科对他说："正向城市北部全速推进。"

"这我已经知道。"萨拉耶夫低声答道。

"你采取了什么措施？"

"我已向在西北和正北方向占领防御的两个团发出做好战斗准备的号令，要求他们务必和驻守在该地区发射阵地上的防空部队各炮兵营营长取得联系，并命令将预备团从米宁郊区调往街垒工厂地域。"

叶廖缅科认为萨拉耶夫所采取的措施基本是恰当的，又向他嘱咐了几句，萨拉耶夫就赶回了阵地。

不一会儿，东南方面军司令员戈尔多夫中将给叶廖缅科打电话说："敌人从 7 时起开始冲击，12 时占领了京古塔车站和第 74 公里会让站，我们正在采取措施准备向京古塔实施反冲击。"

"好，就这么办吧。请你给东南方面军预备队中的坦克第 56 旅下达命令，令其做好立即出动的准备。"

指挥部电话铃声不断，一个又一个不妙的消息接踵而来：

▲ 苏军为了保卫顿河一线地区，在空军攻击机和 152 毫米重炮的支援下与德军展开了激战。

"敌军近250辆坦克,大约1,000辆有摩托化步兵的汽车,在航空兵的支援下,击溃我步兵第87师的一个团,突进至近卫步兵第35师的右翼侧。"

"敌坦克和摩托化步兵已经突进到奥尔洛夫卡以东,第10师第282团正与敌展开激战。"

"敌人的坦克已经接近拖拉机厂。有几发炮弹落在了厂区,工厂十分危险,我们准备把一些重要设施炸毁。"

……

作战参谋在巨型军用地图前忙碌着,不断把新的情况用红蓝不同的军队标号标到作战态势图上。

从作战态势图上可以清楚地看到,德军北突击集团主力已渡过顿河,占领了顿河东岸45公里宽的登陆场,并在斯大林格勒以北前出到伏尔加河岸,切断了苏军第62集团军与斯大林格勒方面军其他部队的联系,对市区构成严重威胁。

苏联最高统帅部发来了训令:现在没有援兵,你们只能用现有的兵力消灭突入的德军集团,"最重要的是不要惊慌失措,不要惧怕无耻的敌人,要相信我们一定会胜利。"

到了下午,形势进一步恶化。

一阵阵凄厉的防空警报在斯大林格勒上空响起。德军出动2,000架次飞机,对斯大林格勒城进行毁灭性轰炸。无数炸弹、燃烧弹从斯大林格勒上空落下。

8月的斯大林格勒酷热异常,当德军轰炸时正刮大风,风助火势,一条条火龙吞噬着一座座房屋、一条条街道。成千上万座建筑倒塌了。斯大林格勒成了一片火海。

在伏尔加河岸上,被炸毁的储油池烟熏火燎,黑压压地连成一片。燃烧着的石油四处流淌,铺成一条条长长的火毯,街道和广场的柏油马路烟雾腾腾,发出一股股臭味。电线杆像划着的火柴一样燃烧着。

石油不断注入伏尔加河,码头也起火了,港口停泊的轮船被烧毁;在熊熊的大火中,不时传来炸弹和炮弹的爆炸声，令人毛骨悚然。濒死的人在呻吟，妇女和儿童在悲惨地哭泣和呼救。灾难和死亡的阴影笼罩着斯大林格勒的每一个家庭。

德军的空袭持续了数小时，晚上斯大林格勒上空被火光照得如同白昼。空袭将苏军通讯线路破坏了。那一夜许多部队与指挥所失去了联系，陷入了混乱。

空袭半小时后，斯大林格勒与莫斯科的通信联络中断，机要秘书头戴耳机不停地呼喊，但无论如何也听不到最高统帅忧郁的声音。

指挥部的空气凝固了。从方面军司令员到每个参谋人员，人人都感到了巨大的压力！

叶廖缅科站在电话机旁，焦急地盼望着最高统帅部和部队的声音。但是除了机要秘书的呼喊声，他没有得到任何方面的声音。怎么办？如果不能尽快遏制德军的攻势，斯大林格勒沦陷就不可避免。他与指挥部的其他人紧急商量，迅速拿出了应急方案，派专人将命令送到各部队。

通信联络不通。身在第62集团军的苏军总参谋长华西列夫斯基只好用广播电台与斯大林进行简单的通话。这样的通话，23日一共进行了两次。

根据指挥部的命令，苏军的歼击机几乎全部起飞，与德军飞机在空中展开了激烈的搏斗。大约500门高射炮对德军飞机发出怒吼。一架架德军飞机冒着缕缕黑烟，栽落到地面上，响

▼1942年8月，丘吉尔和罗斯福的代表哈里曼一起前往莫斯科。这是他们在莫斯科机场检阅苏军仪仗队。

起刺耳的爆炸声。23 日，德军一共有 120 架飞机从斯大林格勒上空坠落。

共产党员将全体市民—工厂工人、职员、青年、家庭妇女们团结在一起，领导他们扑灭大火，保护工厂及厂内的贵重设备免遭火灾。从火中抢救贵重物资，将儿童和伤员撤出危险地带隐蔽起来。

坦克第 23 军在斯大林格勒西北郊展开了英勇的防御战。该军的第 27、137、189 旅，前不久刚刚换装了威力巨大的 T－34 坦克。195 辆 T－34 坦克全部展开，与进攻的德军坦克和摩托化步兵厮杀起来。它们有力地阻止了德军坦克的前进，直到支援的几个步兵师赶来。

拖拉机厂是苏联生产坦克的重要军工厂，如果工厂被毁或落入德军之手，后果将极为严重。厂区的战斗警报拉响了，由工人组成的歼击营迅速集合起来。他们中的绝大多数人是从车间和工作岗位上直接赶来的，不少人手上沾满了机油，连工作服都没来得及换。当知道了面临的危险时，大家面色严峻，默默拿起了武器。

同拖拉机厂工人会合到一起来的还有“衔垒”厂、“红十月”厂和其他企业的工人。在紧急关头，斯大林格勒的人民，首先是工人，纷纷拿起武器，和军队一起，奋起保卫自己的城市。工人们扛起步枪和机枪，驾驶着刚刚从车间传送带上下来的坦克，英勇地驶向战场：他们与坚守在这里的苏军坦克第 99 旅一起，组成了坚强的防线。

面对训练有素的德军士兵，工人民兵毫无惧色，他们用生命坚守着自己的岗位。在这场战斗中，歼击营的工人共牺牲 23 人，伤 30 人。但是，他们终于坚守到援军到来，使这个威胁最大地段的形势开始稳定下来。

小罗索什卡战斗异常激烈。驻守在无名高地的苏第 62 集团军第 87 师 179 团的 33 名战士顽强地抗击德军的进攻。

德军出动 70 辆坦克，以一个营的步兵将高地团团围住。面对占优势的敌人，政治指导员叶夫季费耶夫临危不惧，将手下人召到一起：“沉住气，放近了打。”

德军离阵地越来越近。叶夫季费耶夫一声令下，反坦克兵器一齐射向冲在前面的坦克。数辆坦克一下就被击毁了，但其余的仍冲了上来。

德军坦克很快冲到阵地前，卡利塔上士冲出掩体，选好角度将一个燃烧瓶抛了出去，尔后连滚带爬翻进掩体。

德军一辆坦克冒着浓烟，不一会就瘫痪了。卡利塔用这种方法又摧毁了两辆坦克。守在阵地上的苏军信心大增，纷纷拿起了燃烧瓶。最后连 5 名通信兵也看着眼红，扔起了燃烧瓶。打了一天，33 名勇士竟打死了 150 多名德军，击毁 27 辆坦克。苏军只有一人负轻伤。

当晚，叶夫季费耶夫接到命令，向冲进苏军阵地的德军实施反击。

斯大林格勒方面军副司令科瓦连科少将指挥组织了这次反击。华西列夫斯基在部署任务时对科瓦连科说："这不是歼灭战，而是拼消耗，挫一挫德国人的锐气。"

反击部队共3个步兵师、一个坦克旅、一个坦克军。任务是针对德坦克14军形成的长60公里、宽8公里的走廊。这条走廊的出现，切断了苏军两个方面军的联系，对苏军极为不利。

当天晚上，伏尔加河畔。淡淡的月光透过硝烟，照在战场上。苏军坦克集群悄悄逼近德军阵地。随着炮声轰鸣，战斗打响了。

德坦克14军穿插速度过快，其两翼步兵未能跟上，在苏军冲击下阵形大乱。但坦克14军很快稳住阵脚。科瓦连科指挥的突击集群兵分两路，一路受挫，另一路进展顺利，于24日凌晨2时冲进了大罗索什卡地域。切断了德14军后勤供应车队。但最后德军预备队赶到，又恢复了供应。结果双方损失都很惨重，但苏军达到了自己的目的。

8月23日24时，斯大林格勒与莫斯科恢复了联系，华西列夫斯基汇报说：

"……城南德军占领了京古塔车站、74公里会让站。城北德军已进抵斯大林格勒北郊。在那里被阻后，向斯大林格勒拖拉机厂进攻。敌人在维尔加契田庄、佩斯特瓦特卡车站地域突破斯大林格勒方面军的左翼防御，并从拉托申卡地域向东突击，已前出至伏尔加河，将我方面军分割为两部分。敌军航空兵猛烈空袭斯大林格勒，城市处在火海之中。伏尔加河水上航道和供应我军给养的铁路线均遭严重破坏。"

汇报结束时，华西列夫斯基强调："形势万分危急，但斯大林格勒仍然在我手中。"

8月23日这一天对于斯大林格勒人来说，总算结束了。

8月23日，是斯大林格勒极为困难的一天。但这一天也表明：苏联人民的顽强精神和英雄气概、沉着坚定和无比勇敢、战斗意志和必胜的信心，是任何力量也战胜不了的。

在后来的几天中，德军从北面不停地向斯大林格勒冲击，但苏军采取有效措施，使这一地段得到了加强。而在西南方向，德军却突破了苏军防御，并进入童杜托沃村地域。苏军经过激烈战斗，才阻止了敌人。

但是，由于德军已经前出到伏尔加河，斯大林格勒的形势极为严重，而且日益恶化。

No.3　丘吉尔的"火炬"计划

克里姆林宫，斯大林办公室。

斯大林眼睛正盯着墙上标有红蓝箭头的斯大林格勒地图。顿河弯曲部已落入德军手里，德国人正从南、北和西北面向斯大林格勒市区逼近。斯大林格勒的情况越来越糟糕。突然，

◀1942 年的莫斯科峰会：丘吉尔、美国特使哈里曼（中）与斯大林和莫洛托夫（右）在一起交谈。

办公室的门轻轻响了一下，外交人民委员莫洛托夫走了进来。

"丘吉尔来了，他要与我们商讨对付希特勒的计划。"莫洛托夫语调有些激动地说。

"是吗？那就太好了。"斯大林有点不敢相信这一消息，阴沉的脸上终于露出了笑容。

苏德战争爆发后，希特勒把大部分军队投入到东方，在欧洲只维持着 30 个师。

1941 年 7 月，斯大林致函丘吉尔，希望英国在欧洲开辟对德作战第二战场，使德军在两条战线作战。丘吉尔答称，目前在西欧登陆，"意味着流血与失败"。

珍珠港事件后，英、美、苏三国结成战时同盟。美国参谋总部的将军们发现，盟军横渡英吉利海峡在法国登陆，从军事上看，是"直捣德国心脏的一条捷径"。为此制订了在欧洲大规模登陆方案，并鼓动丘吉尔同意这一代号为"大铁锤"的计划。

1942 年 5 月，莫洛托夫和伊萨伊夫少将应美、英两国政府邀请先后访问伦敦、华盛顿，苏联与美、英两国签署互相援助议定书和同盟条约。应苏方要求，美、英、苏三国公报宣布，"会谈中就 1942 年在欧洲开辟第二战场这个刻不容缓的任务达成了圆满协议。"

公报发表，激起强烈反响：英国《泰晤士报》1942 年 6 月 12 日声称："英苏友谊和合作已经奠定了牢固的基础。"同一天，《每日电讯报》写道："由美国和英联邦根据该条约规定的方针同苏联采取一致的行动，欧洲可以指望出现一个 100 年来最为安全的时期，全世界也可能会进入一种最为幸福的秩序。"

美国报纸也一致欢呼三国结盟，《纽约时报》6 月 12 日评论道，这将"预示着力量均衡的一次根本变化，这对欧洲的未来可能产生巨大的影响。"

在莫斯科，浴血奋战的苏联人从西方盟国身上看到了赢得战争的曙光。《真理报》6月20日宣称，条约是"投进敌人营垒里的一颗炸弹。"当莫洛托夫圆满结束对英、美两国的访问，在莫斯科机场走下飞机时，他发现人民已把他当作凯旋英雄来迎接。

7月18日至25日，罗斯福总统的代表霍普金斯、马歇尔上将、金上将在伦敦与英国军政界要人进行了会谈。会议几经周折，在丘吉尔首相的不断努力下，美英双方最终形成共识，准备在年底前实施代号"火炬"的北非登陆作战计划。

8月12日，丘吉尔飞赴莫斯科。一路上，他想得很多。十月革命胜利后，他曾多次参与策划组织对新生的苏联的武装干涉，在希特勒上台之前，他一直视苏联为英国的死敌；如今，希特勒发动的战争把苏联变成了英国的盟友；自苏德战争爆发后，在开辟第二战场问题上，他与斯大林一直有矛盾……他深知，自己这次赴苏的使命是艰巨的，能否成功，他没有把握。

丘吉尔到达莫斯科后，当天晚上就与斯大林进行了会谈。会谈最初两小时的气氛阴郁沉闷。丘吉尔一开始就提出第二战场的问题来。他说：

"我愿坦率地说，也希望听取斯大林先生的意见，若不是为了可以讨论现实问题，我也不会来莫斯科。正如你们所知道的，英美两国正准备在1943年进行一次规模很大的军事行动，并计划100万美军在明年春季到达联合王国的集结地点。不过，我认为，这个计划对今年的苏德战场是毫无帮助的。而且当我们明年实施这一计划时，德国在西欧可能会有一支更强大的陆军。"

说到这里，斯大林紧皱了一下眉头，但未说话。丘吉尔继续说：

"我有充分的理由反对在1942年进攻法国。我们所有的登陆工具只能运送6个师的兵力进行登陆作战。如果成功了，还可以运送更多的兵力，但是登陆工具却是个限制因素。"

斯大林脸阴沉了下来，他似乎并没有被丘吉尔的论点说服，问道：

"是否法国海岸的任何一段都不能登陆？"

丘吉尔拿出一份地图，指出除了真正横渡英吉利海峡以外，在任何地方空军掩护都很困难。

斯大林的脸色更加阴沉了，毫不客气地说：

"据我所知，你们是不能用大量兵力来开辟第二战场甚至也不愿用6个师登陆了。"

丘吉尔答道："是的，的确如此。我们能够用6个师登陆，但这样的登陆有害无益，它会大大地妨碍明年计划进行的巨大战役。战争是战争，不是开玩笑。如果惹起对谁都没有好处的灾难，那就太愚蠢了。不过，请您相信，我们不是怕受损失而不愿尽早开辟欧洲第二战场。"

斯大林不以为然地摇了摇头，说："我对战争有不同的看法。不冒险，就不会取胜。为什么你们这么怕德军呢？我真不明白。我认为军队就必须在作战中流血。不流血，就不可能了

▲ 苏军将领正在向年轻的士兵颁授军功章。

解军队的力量。"

　　谈话至此，场上出现令人窒息的沉默。斯大林又强调说："假如你们今年不能在法国登陆，我也无权要求或坚决主张登陆，但我必须说，我不同意首相阁下的论点。"

　　丘吉尔又打开一张南欧、地中海和北非的地图，然后说："我看有必要对第二战场进行界定。它是否只是指在法国海岸进行的登陆战，它能否采取有助于我们共同事业的其他大规模军事行动的形式呢？如果我们把德军牵制在加莱海峡，同时在其他地方进行攻击，不是更有希望吗？"

　　闻听此言，斯大林眼睛为之一亮。会谈的紧张气氛也随之得到了缓和。丘吉尔适时地抛出了"火炬"计划。他说：

　　"我要谈谈1942年的第二战场问题，我正是专为此而来的。我并不认为法国是唯一的地点，还有别的地点。我们和美国另有计划。罗斯福总统授权我来秘密通报你们，请注意保密工作。"

　　斯大林端正地坐着，一本正经地说："我倒希望英国报纸上一点消息也不走漏。"

　　接着，丘吉尔简明扼要地介绍了"火炬"计划。斯大林极感兴趣地听着。他问道：

　　"军事上看，这次行动是不是正确的帮助呢？"

丘吉尔说:"我们很想为苏联方面解除紧张局势。如果此时我们进攻法国,可能遭遇强大的反击。如果在北非进攻,则会有很大的胜利机会,那样对欧洲也有帮助。占领北非,就可威胁希特勒欧洲的腹部,希特勒就会从苏德战场调回他的空军。假如行动成功,明年我们就能对希特勒给予致命的打击。"

为说明论点,丘吉尔又画了一张鲜鱼的图形给斯大林看,风趣地说:"我们在打鱼的鼻子时,也要攻击它的柔软的腹部。"

听了丘吉尔的介绍,斯大林脸上终于露出了会意的微笑,最后他说道:

"我已理解你们的意图,我认为,'火炬'计划有4个优点:第一,它会打击隆美尔;第二,它会威胁西班牙;第三,它会使德国人与法国人在法国发生战斗;第四,它会使意大利首当其冲。

斯大林如此敏锐的战略眼光和精辟的概括,简直让丘吉尔服了。多年后,他回忆说:"没有几个人能在几分钟内了解我们大家几个月以来一直争论不休的那些理由。但他却能在一刹那间了解全部情况。"

会谈的气氛已经变得很融洽了。

8月13日,斯大林收到的前线战报说,南方战场的形势正在严重恶化,德军展开的夏季攻势正在向巴库逼近。斯大林深感不安。近2个月来,他一直寄希望于英美盟军开辟欧洲第二战场,现在看来,已经泡汤了。昨天,丘吉尔又说,英美准备在1942年开辟北非战场,实施"火炬"计划。过2个月会不会又泡汤呢?斯大林不能不担心。他决定抓住英美违背开辟第二战场的承诺大做文章,间接地试探丘吉尔对实施"火炬"计划的决心有多大。

当天晚上,斯大林与丘吉尔举行第二次会谈。斯大林振振有词地说:

"英国拒绝在1942年开辟欧洲第二战场,使苏军处境更困难,并且破坏了苏军的作战计划,对苏联'是一个精神上的打击'。苏联认为,1942年具备开辟欧洲第二战场的最有利的条件,因为几乎所有的、而且是精锐的德军都被吸引在东线。英美违背诺言,过分地害怕同德国人作战。假如英美能像苏联那样试一试,就不会怕德国人。另外,英美没有兑现向苏联提供物资援助的诺言。"

丘吉尔完全没有料到,头一天晚上还谈得很融洽,仅仅一天之隔,斯大林的态度竟然变化这么大。他反复地回答说:

"希望斯大林能理解英美的决定,责备是无用的,开辟欧洲第二战场计划不会成功。"

斯大林进一步发起攻势,"英美在法国的瑟堡半岛登陆6至8个师的兵力应该是可能的……如果英军像苏军那样对德作战,就不会这样害怕德军了。"

丘吉尔有些沉不住气了。他回答说："斯大林阁下在谈到苏联陆军的英勇时说的一番话，我不计较。至于向瑟堡登陆的建议，没有充分考虑到英吉利海峡的存在。民主国家很快就要用行动来证明自己既不懒惰也不胆怯，它们准备像苏联人一样抛头颅、洒热血……我感到痛心的是，苏联人并没有认为西方盟国在共同的事业中正在尽自己最大的力量。"

看到丘吉尔这种急于表白的样子，斯大林终于笑起来了，对丘吉尔说：

"你的话并不重要，重要的是你的精神。我们不必再争下去了，我接受你们的决定。我喜欢听丘吉尔先生发言的声调。"

现在，斯大林终于确信，英美关于开辟北非战场的计划是认真的。

▲ 朱可夫将军在斯大林格勒战役中。

第四章

新一轮进攻计划

斯大林脸色忧郁，对匆匆赶来的朱可夫说："情况很不好，德寇可能占领斯大林格勒，高加索的战局也不妙。"

No.1 不能丢掉的城市

德军第6集团军司令部，坦克第14军军长维特斯海姆上将正在向保卢斯汇报作战情况。维特斯海姆神情忧郁，对战争充满悲观情绪。

保卢斯听完他的汇报，鼓动说："只要再发动一次大规模的进攻，苏联会垮下的。"

维特斯海姆有点不以为然，感叹地说："我军在突入到伏尔加河岸的7天作战中，感到苏联人不是好惹的。他们顽强抵抗，视死如归。苏联军队有斯大林格勒全城老百姓的支援，拼命反击。市民们也都拿起了武器，表现得异常勇敢。战场上躺着战死的工人，他们身上穿着工作服，僵硬的手里还紧握着步枪和手枪。在被击毁的坦克驾驶舱里，直挺挺地坐着身穿工作服的死者。"

保卢斯似乎也有同感。"苏联人的抵抗精神的确有点可怕，但他们现在已经被围困，最终将弹尽粮绝，被我们消灭在斯大林格勒城。"

▼ 参加斯大林格勒保卫战的苏联士兵。

维特斯海姆对这些自欺欺人的话已经厌倦了。他说:"我认为斯大林格勒是一个巨人的坟墓,不相信德军能够攻下这个巨人般的城市。最好是将第6集团军撤离伏尔加河。"

保卢斯气急败坏,没想到自己的将军竟还有这样的懦弱者。但又不好发作,只好说:"你这个建议和最高统帅部的命令格格不入,我警告你,一旦这个观点被传开,将会使军心受到严重影响。"

维特斯海姆坚持己见,"我的意见是对的,我说的是实话。"

维特斯海姆离开后,保卢斯感到闷闷不乐。他认为,一位对德军胜利抱怀疑态度的将军,不宜在错综复杂的形势下担任战场指挥官。他立即向陆军总部建议,免除维特斯海姆的职务。陆军总部采纳了他的意见。

德军突破了顿河防御,成功地把守军分割为两部分。城南德军攻占了阿勃加涅罗沃、攻占了京古塔车站、占领了通杜托沃镇;城北德军步步紧逼,已前出至阿卡托夫卡至雷诺克一线的伏尔加河边。德军主力渡过顿河,正向市区推进。

在敌军逼迫下,苏军从斯大林格勒外围撤了下来,守在一条狭长的地带。

8月24日,斯大林格勒方面军军事委员会发布命令,宣布斯大林格勒进入戒严状态。命令要求:维持市内的正常秩序和纪律;对乘机掠夺居民者和抢劫犯可不经侦察审讯就地枪决;对其他严重危害城市公共秩序和社会治安的分子,上交军事法庭审判。

8月26日,斯大林格勒城防委员会发出告人民书:

亲爱的同志们,亲爱的斯大林格勒公民们:

狂暴的敌人已经逼近我们亲爱的城市。24年前遭受的苦难今天又在重演了。

嗜血成性的德国鬼子要闯进充满阳光的斯大林格勒,要玷辱我们伟大的俄罗斯河——伏尔加河。

红军战士们正在奋不顾身地保卫着斯大林格勒。到处都布满了法西斯强盗的尸体。

……

大家都去构筑街垒吧!大家组织起战斗吧!将手边的石头、木料、铁器、旧车厢都利用起来,构筑街垒工事。

为保卫城市,我们将竭尽全力支援你们;决不后退一步。狠狠打击敌人。德寇犯下了许多兽行,为了被毁掉的家园,为了孩子、母亲、妻子流的血和泪,向德寇报仇雪恨。

所有能拿起武器的人,都要走上街垒,保卫城市家园。

▲ 最高统帅部驻斯大林格勒地区代表朱可夫将军亲临前线视察。

斯大林格勒人动员起来了。他们走上街头，冒着敌人的炮火和枪弹，加入到抗击德寇的行列。

法西斯德军陷入了人民战争的汪洋之中。他们每前进一步，都遇到更加顽强的抵抗。

但是，德军猛烈的突击，火炮和飞机的狂轰滥炸，使斯大林格勒军民付出了更加巨大的代价。

部队面临越来越大的困难，常常出现这样的情况，印有"急件"字样的命令送到部队时，命令中要求守住的地区已经失守，有时甚至被指定执行命令的部队已名存实亡。

斯大林格勒军民顽强的抵抗虽然暂时阻止德军的突击，但德军的突破能力依然很强，德军依然掌握着战役的主动权。

8月27日，苏军西方面军司令员朱可夫将军接到斯大林的电令，命令他于当日必须赶到莫斯科。

深夜，朱可夫来到克里姆林宫，走进斯大林的办公室。

斯大林脸色忧郁，对匆匆赶来的朱可夫说："情况很不好，德寇可能占领斯大林格勒，高加索的战局也不妙。国防委员会已决定任命你为副最高统帅，并派你前往斯大林格勒地域。"

朱可夫虽然在此前已知道斯大林格勒的战况不好，但没想到问题会这么严重。

斯大林郑重其事告诉朱可夫，他已经被授予全权，可以调动城内2个方面军、空军及其他部队，还有机动集结兵力的大权。斯大林还向朱可夫介绍了斯大林格勒前线的具体情况以及他准备采取的措施，斯大林特别对他说：你要想尽办法对突至伏尔加河的敌军集团实施反夹击，否则我们就会丢掉斯大林格勒。

最后，斯大林果断地说："斯大林格勒决不能丢掉。对于这一点，我们一定十分清楚。守卫住斯大林格勒，具有重要的军事和政治意义。如果斯大林格勒陷落，德军统帅部就有可能以伏尔加河为掩护向北发展突击，进入苏联的大后方。此外，苏联还会失去由高加索运送大量物资的伏尔加河这条最重要的水路交通命脉。同时，对苏联人抗击德国法西斯心理上的影响也是极其重大的。"

朱可夫毫不犹豫地说："是，我们不能丢掉这座城市。"

斯大林问道："你什么时候可以启程？"

朱可地想了想，回答说："我需要用一昼夜的时间研究情况，到29日才能飞往斯大林格勒。"

"那好吧。"

No.2　朱可夫大将

两天后，一架利－2飞机从莫斯科中央机场起飞。飞机在湛蓝的空中飞行，坐在飞机上的朱可夫透过舷窗，望着天空中飘浮的白云，思绪万千。

此次出征，朱可夫感受甚多。每当战局危急，斯大林总是想到他，让他去承担几乎无法忍受的重压，把他派到战局最危急的方向。先是到列宁格勒接替伏罗希洛夫元帅，后又到处于危难之中的莫斯科组织防御。现在斯大林格勒岌岌可危，斯大林又一次将重担压在了他的肩上，而且大本营和总参谋部的人也都认为只有他能够胜任。

朱可夫对此感到莫大的荣耀，但也感到了巨大的压力。战争时期，一个驾驭千军万马的将军，他的荣辱与他在战场上的胜败休戚相关，而难以预料的战局又使胜与败往往只有一纸之隔。有时，瞬间的思维失误，就可能导致整个战局的崩溃。困难啊，如果不能扭转局势，后果他不敢设想。

很快，他就从疑虑与不安中解脱出来。他对自己的能力坚信不疑。他早年就矢志报效祖国，先在沙皇军队里当士官，后来在红军中当排长、连长、团长、师长……他热爱自己的祖国，热爱自己的职业，努力钻研军事理论。在长期的军事生涯中，他的军事才干飞速增长。他具有胆大心细、沉着镇定的品格，具有驾驭复杂战场局面的超凡能力。正是这种优良的素质，使他能够不负众望，在作战指挥中一次又一次地化险为夷。

4小时后，利－2飞机降落在斯大林格勒。朱可夫充满自信地走下飞机，乘坐一辆越野车，很快来到方面军指挥部。

华西列夫斯基迎了上来，第一句话劈头就问：“什么时候开始进攻？”

“听谁说的？”朱可夫不解地问。

华西列夫斯基笑着回答：“前线流传一句话：朱可夫大将一到，进攻就要开始了。”

朱可夫大笑着，走向布满作战地图的长桌，说道：“看来，战士们士气很高啊。”

华西列夫斯基向朱可夫介绍了斯大林格勒的战况。朱可夫听完介绍，说：

“情况十分严重，必须尽快对突入到伏尔加河地区的德军实施反突击。按照大本营的规定，近卫第1集团军应当在9月2日从北面向包围斯大林格勒的德军发起攻击。我们先去了解一下近卫第1集团军的情况。”

随后，他与华西列夫斯基来到近卫第1集团军指挥所，与等候在那里的斯大林格勒方面军司令员戈尔多夫中将、近卫第1集团军司令员莫卡连科少将一起讨论了战场形势。

由于近卫第1集团军缺乏燃料、弹药并在机动途中迟延，9月2日反冲击的计划不能按时执行。朱可夫大将这一情况向斯大林报告，并提出在9月3日5时转入进攻。

◀ 苏军的拉－2型对地攻击机在斯大林格勒附近准备攻击德军部队。

　　9月3日晨，近卫第1集团军在经过炮火准备后转入进攻，但在斯大林格勒方向总共只前进了2至4公里，给德军造成的损失不大。由于遭到德军航空兵的轰炸和坦克与步兵的反冲击，进攻受阻。

　　当晚，朱可夫接到斯大林发来的一封急电：

　　"斯大林格勒的形势恶化。敌人距斯大林格勒3俄里（1俄里＝1.06公里）。如果北部集团部队不立即援助，斯大林格勒今天或明天就有可能被攻占。应要求位于斯大林格勒以北和西北的各部队司令员立即突击敌人和援助斯大林格勒的军民。不得有任何迟延。现在迟延就等于犯罪。应将全部飞机都用来援助斯大林格勒。斯大林格勒剩下的飞机很少。"

　　看了这封电报后，朱可夫立即打电话向斯大林报告说：

　　"斯大林格勒遭到空袭后，部队给养遇到困难。原定9月5日发起的反攻要提前2天无论如何不行。3个集团军缺少弹药，最快在明晚黄昏时才能把弹药送到炮兵阵地。部队无组织进入战斗会遭到无谓损失。"

　　电话那一端的斯大林严厉地说："你是不是以为敌人会等你慢腾腾地弄好了再干？……叶廖缅科断定，如果你们不立即由北面实施突击，敌人只要用一次猛攻就可以拿下斯大林格勒。"

　　朱可夫不同意这一判断，说："斯大林格勒是万分危急，但在一两天内敌人还不可能占领它。我请求准予按原定的9月5日发起进攻。至于航空兵，我们现在就下令轰炸敌人。"

　　最后，斯大林让步了。他没有理由不相信声名显赫的朱可夫："那好吧，9月5日发起攻

▲ 苏军士兵与德军展开了街垒战。

击。如果敌人对市区发起总攻，你应不待部队做好准备就迅速向敌人冲击。你的主要任务是把德寇的兵力由斯大林格勒引开，如果办得到，还应消除隔开斯大林格勒方面军和东南方面军的德军走廊。"

朱可夫放下电话，他感到斯大林对反击的期望过高。

9月5日，苏军第24集团军、近卫第1集团军和第66集团军的防御阵地上，一门门火炮对准了德军阵地。

按照反攻计划，他们将在斯大林格勒北面，向包围斯大林格勒的德军翼侧实施进攻。

拂晓时分，所有的火炮一齐向德军阵地发射，苏军航空兵团开始向德军阵地实施火力突击。随后，3个集团军同时发起了冲击。但是，由于火力准备的强度不够，没能给德军以必要的杀伤，冲击受到了德军的强力阻挡。

发起进攻后大约两小时，朱可夫从各部队司令员的报告中得知，在很多地段上敌人以火力阻止了苏军的前进，并以步兵和坦克实施反冲击。德军的航空兵也开始向冲击的部队实施火力突击。

激战一直持续到晚上。斯大林时刻惦念着前线的反击情况。夜晚，他拨通了朱可夫的电话。

"朱可夫同志，反击的情况怎么样？"

朱可夫报告说："一整天进行了艰苦的交战，但效果不太明显；我军前进了总共只有2至4公里，特别是第24集团军几乎仍在原来的阵地上。"

"这就很不错。这是对斯大林格勒很大的帮助。"斯大林鼓励说，又问：

"进攻受阻的主要原因是什么？"

"由于时间不够，部队没有来得及做好进攻准备，没有很好地进行炮兵侦察和查明敌人的火力配系，自然就不能将其压制住。当我军转入进攻时，敌人就以其火力和反冲击阻止我军进攻。此外，敌人航空兵整天都掌握着制空权，并对我军进行轰炸。"

"继续冲击！"斯大林毫不犹豫地说："你们的主要任务是把尽可能多的敌人调开斯大林格勒。"

第2天，3个集团军继续进攻，战斗更加激烈。但由于德军调来了新的预备队，在许多制高点上设置了预伏坦克和火炮，并组成了新的防御支撑点，部队难以向前推进。

从9月6日到9月9日的几天里，双方基本处于一种对峙状态下的火力对射，谁都没能将自己的阵地向前移动。

9月10日，朱可夫巡视了各集团军和一些兵团的阵地，并与各部队指挥员交换了看法。

回到指挥部后，他将自己的看法向斯大林作了报告。他说：

"以斯大林格勒方面军现有的兵力，不能够突破'走廊'，并与东南方面军的部队在市区会师。由于德军新调来了大量部队，以现有的部队和部署继续冲击是没有用的，而且部队必然要遭受重大的损失。需要补充部队和有调整部署的时间，以实施较为集中的方面军规模的突击；仅仅以集团军规模的突击是不能打败敌人的。"

斯大林在听了朱可夫对形势的分析后，没有轻率否定，而是思考了一会，然后对他说："如果你能亲自飞到莫斯科阐述自己的看法，可能更好一些。"

No.3　新任司令员崔可夫

苏军9月5日的猛烈反击，使保卢斯大吃一惊。

他属于智慧型的军人。贬抑他的人总认为他是参谋军官出身，言外之意像斯大林格勒这类攻坚作战于他并不合适。这一说法有些根据，因为直到8个月前他才出任第6集团军司令官。起初，第6集团军内部对这位新任司令员有些瞧不起，但不久他们就心悦诚服了。先是在夏季作战中，面对铁木辛哥元帅的猛烈进攻，保卢斯采用以攻对攻，以精锐部队突击苏军防线，尔后分割围歼的招术。接着在伏尔加河，保卢斯又娴熟地运用了经典战法，采用两路突击，穿插迂回战术，因为德军在飞机、坦克上占很大优势，这一战法屡获成功。

然而，同任何智慧型军人一样，他们的长处是以谋略见长，思虑周详；但有时又容易患得患失，缺少果断勇猛作风。保卢斯意志还不够坚强。尽管他喜欢思考的习性弥补了经验不足，但他没有料到苏军的抵抗会越来越激烈，他的心情也时好时坏。

德军凭着优势兵力，好不容易在苏军阵地上站稳脚跟，将苏军赶到内廓（市区）一线。可没等保卢斯松一口气，苏军在北部又出人意料地发起反击，使保卢斯不得不减弱进攻节奏，把市区的部分兵力抽调到郊外应急。保卢斯觉得再这样下去，德军士气会受影响，一定要尽快拿下斯大林格勒。

正沉思着，参谋长施密特少将手拿电报兴冲冲地走了进来："好消息，前线传来捷报，苏军9月5日发起的进攻已被击退了。"

保卢斯如释重负，情绪又高涨起来。他一把抓住施密特："通知各部队指挥官马上开会，研究新一轮进攻计划。"

9月10日晨，保卢斯带着作战计划心情轻松地登上飞机，参加元首召开的大本营会议。临行前，他对送行的施密特说："苏军被打垮了，这一回我们不会让元首再次失望了。"

▲ 保卢斯（中）与手下将领商讨作战计划。

　　9月12日中午，希特勒在"狼人"大本营召开军事会议。保卢斯报告了新一轮进攻计划。

　　该计划决定由第6集团军作为主力分两路突击，进攻斯大林格勒市中心。第一路由步兵第71、第94和第295三个师和坦克第24师组成，从亚历山大罗夫卡向东突击。第二路由摩托步兵第291师、坦克第141师、罗马尼亚步兵第20师组成，从萨多瓦亚向东北突击。两路兵力应分割围歼苏防御正面第62集团军，迅速占领斯大林格勒市。城南和城西北作战的德军任务是钳制与其对峙的苏军。

　　保卢斯报告后说："看起来，占领斯大林格勒已成定局，只是时间问题了。"

　　希特勒对保卢斯的报告很满意，立即批准了他带去的作战计划。希特勒对形势的看法极为乐观。

　　"苏军兵力已经消耗殆尽，红军已被打垮，他们在伏尔加河地区只能进行零星的抵抗。"他又一次激动起来，"我要求将军们尽快夺取城市，在10天以内完全占领斯大林格勒。"

　　对于他的看法，不少将领不能认同。但是，刚愎自用的希特勒容不得任何不同意见。

　　会议结束时，希特勒下令要在最短时间内攻下斯大林格勒，不许再拖延了，"把他们统统赶入伏尔加河"。

一辆越野吉普车在斯大林格勒街道上急驰，它不时绕过一个个弹坑和一堆堆燃烧着的物体，为躲避空袭，有时突然急刹车。

崔可夫坐在车上，当车子上下颠簸时，他身子微微前倾，手扶车杆，如脚踩马蹬纵马飞奔。此刻他望着车外已成废墟的城市，脸色阴沉。斯大林格勒昔日的繁华已经在战火中消失，大街上死气沉沉。所有的树木皆毁于大火，已经没有半点枝叶。木质房屋都化为一片灰烬，只剩下孤零零的烟囱。许多砖石质楼房经过大火已被烧得污焦不堪，楼板倒坍，门窗也被烧得荡然无存。那些还能够勉强住人的房屋也在不断倒坍，住户人家从残垣断壁中狼狈逃出。

几个小时以前，方面军司令员叶廖缅科把他叫去，对他宣布了一个令他感到意外的决定：让他接替洛帕京将军担任第62集团军司令员，负责守卫斯大林格勒城区的北部和中部，那里是德军攻城的主要方向，是危险性最大的防区。叶廖缅科告诉他，他的前任认为没有把握顶住德国人的进攻，然后两眼专注地望着他：

"崔可夫同志，你怎么看待这个任务？"

崔可夫毫不犹豫地回答："我们不能把城市交给敌人。我发誓要么守住这座城市，要么战死在那里！"

叶廖缅科很满意他的回答，拍着他的肩说：

"方面军会尽全力帮助你的。"

吉普车在奔驰着。崔可夫想，我是不是过高估计了自己，过高估计了我们的力量？两个月来，双方在斯大林格勒城外杀得尸横遍野，血流成河。尽管苏军进行了顽强抵抗，不断组织反突击，从侧冀重创冲入防御纵深的敌军，但德国人还是一步步逼近了伏尔加河，逼近了斯大林格勒。眼下，他们已从西南和西北两个方向冲入市区，斯大林格勒已危在旦夕。

当崔可夫意识到第62集团军已是这座城市最后一道屏障时，感到肩上的担子太重了。他一个劲地催促司机向马马耶夫岗驶去。

斯大林格勒依伏尔加河而建，南北长50公里，东西宽仅5公里。东北地势略低，都是工厂和工厂住宅区。西南地势稍高，几个大的火车会让站和仓库都集中于此。第62集团军承担着斯大林格勒市的主要防守任务，它的防御正面从伏尔加河右岸的雷诺克村，经奥尔洛夫卡、戈罗吉什和拉兹古利亚耶夫卡以东地域，再经实验站、萨多瓦亚火车站到库波罗斯纳亚，整个防线距伏尔加河仅十几公里。第62集团军司令部设在城中制高点马马耶夫岗的山脚下。

吉普车很快就来到了第62集团军的指挥所。这里离德军阵地只有3公里远，炮弹不停地在指挥所周围爆炸。

崔可夫走进指挥所，指挥所只不过是一个长长的避弹壕上面加上树枝和干革做成的一个

▲1942年秋季，德军在斯大林格勒城内与苏军展开了激战。

顶盖而已，不过上层还是堆了一层厚厚的沙土。指挥所里面一侧是土制的坐凳，另一侧是土炕和当做桌子用的一个土墩。掩蔽部的顶盖总是随着炮弹的爆炸声不停地颤悠。土墩上摊放着地图，地图上散落着沙土。

集团军参谋长克雷洛夫少将拿着电话简，口气严厉地与什么人通话，态度十分坚硬："不能向后撤，同志。再撤就撤到伏尔加河里去了！"

放下电话，看见新任司令员崔可夫，他马上热情地说：

"司令员同志，欢迎你。你瞧，情况糟透了。敌人在加紧进攻，而坦克军军长不经过我们的允许却擅自把指挥所撤向后方，真是太不像话了……"

崔可夫同意他的意见，认为坦克军军长这样做是错误的。电话铃不时地响起。电话兵把听筒递给克雷洛夫，克雷洛夫通过电话布置第2天的工作。

崔可夫坐在一旁静听，竭力抓住他的讲话内容进行思索，尽量避免干扰他的工作。他一面静听，一面仔细研究他的工作地图，研究地图上做的一些注记和画的各种箭头，以便在不打断他工作的情况下尽量早些熟悉环境。

崔可夫给方面军军事委员会发了电报，报告已经到职，然后便着手开展工作。他开始抓的第一件事就是处理坦克军军长的问题，搞清在当前已经有命令"不准后撤一步"的情况下，

▼ 苏军战士依托坦克向德军射击。

为什么还发生擅自把指挥所转移到伏尔加河岸的事。他拨通了电话。

"坦克军军长在听您讲话。"电话兵向崔可夫报告，把话筒递给他。

"我是集团军司令员崔可夫，你为什么不经许可转移自己的指挥所？"崔可夫严厉地问道。

"敌人炮火太猛，我军伤亡太大了……"

"作为一名将军，如果你的下属也像你一样擅自行动，你怎么处理？"崔可夫打断了他的话，命令他和政委立刻到马马耶夫山岗来见他。

这时集团军军事委员库兹玛·阿基莫维奇·古洛夫走了进来。

不久，坦克军军长和政委到达指挥所。崔可夫把司令部的人员都叫到跟前，当着这些人的面质问坦克军军长：

"作为苏联将军，您又是那个战斗地段的首长，如果您部下的指挥人员和司令部擅自后撤，您会怎么对待他们呢？如今您擅自把自己的指挥所撤到集团军指挥所的后面，从执行人民国防委员会第 227 号命令的角度，您应该怎么认识自己的这种行为呢？"

军长和政委低头不语，面有愧色。崔可夫接着严肃地警告他们，他们这种行为纯属战场逃脱性质。他下令让他们在 9 月 13 日凌晨 4 时前一定要把自己的指挥所设在原来位置。

"正确！我同意崔可夫同志的决定。"军事委员古洛夫说。

这时，方面军副司令员戈里科夫来到指挥所，他一见到崔可夫便迫不及待地说：

"我对斯大林格勒的前途深表忧虑。"

第 62 集团军所属各部队，在不久前的各次战斗中受到很大的削弱，有些步兵师只剩下几百人，整个集团军早在顿河大弯曲部就已经打得精疲力竭，现在确实需要补充几个新锐的师。

戈里科夫答应回去后把这个情况反映给方面军军事委员会。谈完后，他便乘车离开了。

经过与几个副职的交谈特别是亲自观察了参谋长克雷洛夫的工作情况，崔可夫对于集团军的基本情况，到夜晚已经有了大致的了解。9 月 12 日的情况是：

在第 62 集团军正面进攻的是敌人坦克第 4 集团军的数个师以及第 6 集团军的部分兵力。同时，敌一部兵力此时已经在富诺克镇以北和斯大林格勒以南的库波罗斯诺亚进至伏尔加河。总的看，第 62 集团军已被德国法西斯军队以马蹄形的强硬阵式从正面和两翼压迫到伏加尔河。

编有 9 个师的德军整个集群，以及对第 62 集团军进攻的"施塔黑尔"集群，得到第 4 航空队将近 1,000 架各种作战飞机的支援。这一强大集团的当前任务是：拿下斯大林格勒，进至伏尔加河，即向前推进 5 ~ 10 公里，把苏军赶过伏尔加河。

第 62 集团军所属各部队的兵力和装备严重不足。集团军的一个坦克旅只有几辆坦克，其余两个坦克旅实际上根本没有坦克，而且很快要撤到伏尔加河左岸去整编。一个混编支队

（由各种不同的旅和师编成）有将近 200 名骑兵，实际上还不足一个完整的骑兵营。与其相邻的步兵第 224 师（由阿发那西耶夫指挥）的兵力不到 1,500 人，其中骑兵数量还不足一个满员的骑兵营。步兵第 42 旅有 666 人，其中骑兵还不到 200 人；左翼近卫第 35 师（由杜比亚思斯基指挥）的骑兵数量不超过 250 名。其他各兵团和部队的人数也都大致如此。由波波夫将军指挥的坦克第 23 军所属各坦克旅编有坦克 40 ～ 50 辆，其中 30% 被击毁，只能被当做火力点使用。只有由萨拉耶夫上校指挥的内务部所属步兵第 10 师以及 3 个独立步兵旅建制还比较完整。

第 62 集团与左右友邻没有横向的通信连接。他们两翼只能依托伏尔加河。德寇的空军每昼夜能出动 1,000 ～ 3,000 架次，而苏军的航空兵却不能相应地对付敌人，所以出动的架次至多只能是敌人的 1/10。

敌人占据着空中优势。而苏军的高射炮一部分被敌人摧毁，一部分撤到伏尔加河左岸。在那里掩护河面，掩护沿河右岸的一个狭长地带。留在伏尔加河右岸的高射炮兵已经所剩无几。

因此，德国飞机敢于在斯大林格勒上空、伏尔加河面以及在苏军的头顶上一天到晚不断地盘旋。

在观察德军航空兵活动规律之后，崔可夫发现，法西斯的飞行员投弹技术并不高明。他们轰炸苏军前沿时，只选择双方对峙距离较大的地段，唯恐误伤自己的部队。他认为，要把双方对峙距离尽量缩小，缩小到手榴弹的投掷距离。

9 月 13 日凌晨，第 62 集团军军事委员会已经拟制出一份作战计划。

计划决定首先保护渡口，以免遭敌人炮击。为此，集团军左右两翼必须坚守防御，把中央拉平。方法是以中央的部队不停地组织反冲击，夺占拉兹古利亚耶夫车站，并从这里沿通往西南的铁路线发展进攻，一直到达铁路的急拐弯处的古姆拉克。这样就可以夺占戈罗季谢和亚历山德罗夫卡镇。为实现这一任务，集团军决定派出坦克军加强步兵部队，同时以集团军的大部炮兵进行支援。定于 9 月 13 日部队变更部署，9 月 14 日开始冲击。可是，德军抢在了他们的前面。

▲1943 年 1 月，苏军和德军在斯大林格勒拖拉机厂激烈交火。

第五章

浴血奋战

　　德军进到城来，乐得昏了头脑。个个都像醉汉似地从车上
爬下来，狂呼怪叫，吹着口哨在人行道上蹦蹦跳跳。

No.1　德军进城了

9 月 13 日清晨，德军的炮击和飞机的轰炸声响彻云霄。

6 时 30 分，德军以一个步兵师的兵力在 40 ~ 50 辆坦克的支援下，从拉兹古利亚耶夫卡地域转入进攻。突击方向是，经由机场镇向中央车站和马马耶夫山岗实施突击。

敌人的炮弹和炸弹如倾盆大雨似的落到马马耶夫山岗顶部。崔可夫与克雷洛夫同在一个指挥所进行指挥，一直用望远镜观察着战场。附近有几个掩蔽部已经被敌人摧毁，集团军司令部里出现了伤亡。

电话线时常被切断，无线电枢纽也常常中断工作，有时很长时间不能恢复。为了修复通信设备，通信人员常常要全体出动。9 月 13 日一整天崔可夫与方面军司令员只通过一次话。崔可夫简短地向他汇报了情况，并请求在最近一两天内增援二三个新锐师。

尽管通信人员全力以赴，可是崔可夫与部队的通信联络几乎全部中断。此时指挥所外面的情况也不妙。

从北面向奥尔洛夫卡实施进攻的德军一个营虽被步兵第 115 旅歼灭，但是在集团军中央的部队由于损失严重，被迫向东撤退，撤至巴里卡德镇和红十月镇以西，树林的西边。德军已占领 126.7 高地、机场镇和一座医院。在左翼，苏混编团放弃了萨多瓦亚以东的机械拖拉机站。其他地段上敌人实施的几次冲击已被击退。

崔可夫决定实施反冲击。为了先敌行动，他将反冲击的时间选在 14 日凌晨。

截至 9 月 13 日，敌人与伏尔加河的最大距离已经不超过 10 公里。敌人只要再向前推进 10 公里就打到了斯大林格勒城，首当其冲的就是该城的北部工厂区。

9 月 14 日拂晓，第 62 集团军指挥所转移到察里律地窟。这是一个大型的隧道式掩蔽部。里面有数十个房间，墙壁全由厚厚的木板镶嵌，8 月份这里原是斯大林格勒—东南方面军的指挥所。顶部土层厚度约达 10 米，成吨重的炸弹才能炸穿其薄弱部位。掩蔽部共有两个出口：下层出口直通察里津河口，上层出口可通普希金大街。

崔可夫与克雷洛夫于 9 月 14 日拂晓前从马马耶夫山岗出发。不久他们就到达了目的地，顾不得睡觉和休息，一到就亲自动手干起来，检查通信联络，检查部队进行反冲击的准备。

凌晨 3 时，苏军开始炮火准备，3 时 30 分开始进行反冲击。崔可夫打电话给方面军司令员，向他报告，反冲击已经开始，并请求天亮之后派航空兵进行掩护。方面军司令员答应出动航空兵，并且告诉他一个好消息：大本营预备队准备把近卫步兵第 13 师配属给他们。

为了迎接近卫师的到达，崔可夫立即派工兵主任图皮切夫上校带领集团军司令部的一个参谋组前往红斯洛博达镇。

▲ 苏军第 13 近卫步兵师攻击斯大林格勒一德军占领的建筑。

战斗开始时，第 62 集团军中央部队的反冲击取得了一点战果，但至中午 2 时敌人接着投入了大批步兵和坦克，向苏军扑了过来，冲向中心车站，直逼马马耶夫山岗。

敌人不顾一切伤亡，硬是杀开一条血路。他们搭乘汽车，搭载坦克，拉开纵队，径直冲向斯大林格勒城。

德军进到城来，乐得昏了头脑，个个都像醉汉似的从车上爬下来，狂呼怪叫，吹着口哨在人行道上蹦蹦跳跳。苏军战士、狙击手、防坦克枪手、炮手则冷静沉着地隐蔽在房屋、地下室和土木质发射点里以及房屋的拐角处严阵以待。

德军在大街上成千上万地被击毙，可是新的部队又源源不断地拥了上来。德军的冲锋枪手已经穿插到铁路线以东的城区、火车站以及专家大楼。战斗已经打到距离集团军指挥所不远的地方。

▼ 德军炮兵在击中苏军一处目标后忘乎所以地欢呼。

▶ 正在向德军射击的苏军士兵。

形势十分危急。敌人很可能在近卫步兵第 13 师到达之前占领火车站,将集团军割裂为二,进而直插中心渡口。

在集团军左翼的米尼纳郊区,战斗也进行得十分激烈。敌人还在右翼不断地进行骚扰。形势不断恶化。

崔可夫手中的预备队这时已所剩无几,只有一个重型坦克旅,全旅总共有 19 辆坦克。当时该旅配置在集团军左翼之后,靠近南郊大型粮仓的地方。他立即命令该旅派出一个营(共 10 辆坦克)紧急赶到集团军指挥所。

两小时后该旅赶到,参谋长克雷洛夫当即把司令部参谋人员和警卫连组织起来,编成两个战斗群。第一个战斗群加强 6 辆坦克,任务是封锁住从火车站通往码头的各条大街。第二战斗组加强 3 辆坦克,任务是夺回专家大楼。因为德寇占据这里之后,不断动用大口径机枪射击伏尔加河河面以及河岸上的码头。

战斗群出动后果然阻止住了企图夺占中心码头的德军,成功地掩护了运载近卫军部队的第一批渡船。

No.2 同生死共患难

14 时,近卫步兵第 13 师师长罗季姆采夫少将前来向崔可夫报到。他一路上风尘仆仆,来到集团军司令部时已经是满面污垢,在途中为了躲避飞机的俯冲扫射,他几次跳到弹坑里。

"近卫第 13 师师长亚历山大·伊里奇·罗季姆采夫少将向您报到。"

崔可夫迎了上去，激动地拉住罗季姆采夫的手说：

"欢迎你！罗季姆采夫同志。你的部队有多少人？"

"全师 1 万名官兵经过 4 昼夜急行军，现已全部集结在伏尔加河岸边待命。"

"我命令你，今夜全师渡河，明晨 3 时投入战斗。用 1 个团攻占马马耶夫岗，用 2 个团消灭市中心、专家大楼和车站一带的法西斯，一个步兵营留作预备队。指挥所设在码头附近的伏尔加河岸上，不准后退一步。"

"是，司令员同志。我是共产党员，我不准备离开这个地方，也绝不离开这个地方。"罗季姆采夫说完，行了个举手礼，指挥部队去了。

当晚 9 时，近卫第 13 师部队悄悄进抵伏尔加河边。河对岸德军已占据好几座高大建筑物。虽是天阴无月，但离渡口不远，有一艘被炸毁的驳船在燃烧。在火光映照下，河对岸德军不停向河道开枪开炮。

▼ 在沼泽地作战的苏军士兵。

先遣队第 42 团第 1 营出发了，战士们登上两艘快艇，冒着弹雨前进。曾参加渡河作战的近卫第 13 师的一名战士回忆道：

"快艇离河岸越来越近时，敌人的炮火更加猛烈。炮弹不时在快艇周围爆炸，掀起根根巨大水柱，伏尔加河水像开了锅似的。不能再迟疑了，营长费多谢耶夫上尉一声令下，快艇迎着炮火疾速驶向岸边。战士们没等快艇靠稳就纷纷跳入水中，涉过浅水，登岸投入战斗。"

由于情况紧急，第 13 师官兵一上岸就投入到连天的炮火和呼啸的弹雨之中。他们消失在市中心的大街小巷里，使德军如潮水般的攻势受到阻击。

第 62 集团军的防御兵力，又一次得到加强。

9 月 15 日晚，崔可夫得到了相互矛盾的报告，他搞不清楚马马耶夫岗究竟是仍在苏军手中还是已被德军占领。马马耶夫岗位置十分重要。在马马耶夫岗高地上，可以俯视整个斯大林格勒市和伏尔加河，控制住这里就能控制一个很大的范围，包括作为斯大林格勒命脉的伏尔加河运输线。为此，崔可夫命令近卫步兵第 13 师第 39 团，迅速向马马耶夫岗推进，争取拂晓前占领那里的防线，并不惜任何代价守住山岗上的制高点。

16 日拂晓，马马耶夫岗响起了隆隆炮声，浓烟四起，弹片横飞。红色信号弹升起来了，战士们一跃而起。冲在最前面的是政治指导员帕坚科，他在敌人机枪阵地前扔出了几颗手榴弹，与此同时，他也中弹倒了下来。战士们奋勇冲了上去，又有许多人倒了下来，鲜血染红了发烫的土地。

第 39 团一次又一次冲锋被打退，但他们不怕牺牲，勇敢地反复冲击，终于冲进战壕，全歼了防御的敌军。但是，没等战士们站稳，天空中就出现了德军的轰炸机，整个高地被炸弹翻了个儿，笼罩在一片硝烟中。叶林团长发现德机来时，急忙呼叫战士们撤退。

德军当然知道马马耶夫岗的重要地位，因此调动了大量兵力向马马耶大岗冲击，力图再夺回高地。这样，双方就在这个不大的高地上展开了殊死的战斗。一方被击溃后，即组织兵力去攻击占领，占领之后，就开始顽强防守。成吨的炮弹、炸弹，整天不停地落在高地上，把整个地面都翻了过来。与此同时，使用刺刀、手榴弹的白刃战，也无时不在这里进行。

马马耶夫岗的拉锯战激烈地进行着。事实上这场殊死的战斗一直持续到1943 年的一月底。

整个第 62 集团军仅有 80 辆坦克。在这场拉锯战中，第 42 团得不到坦克支援，叶林团长指挥官兵用仅有的几门反坦克炮打击敌人。

炮手们早已把生死置之度外，当德国人成批冲来时，他们沉着地把坦克放到 100 米以内才猛烈开火。身材魁梧的炮兵狙击兵普罗托季亚科诺夫在 17 日一天的激战中就让德军 10 多辆坦克变成废铁。最后，阵地上只剩他一个人了，他仍沉着地操纵一门 45 毫米加农炮单独战斗。

普罗托季亚科诺夫巧妙地把炮安置在马马耶夫岗山坡的一处凹地里，瞄准敌坦克连续射击。德国坦克手直到坦克被炸才知道附近有苏军。最后德军根据炮声测出了他的炮位。一批密集的炮弹飞来，但大炮却安然无恙。直到把德军打退了，普罗托季亚科诺夫还依然在阵地上收集弹药，准备下一次战斗。

德军并不甘心失败，他们一次又一次地轮番进攻。马马耶夫岗的山顶几易其主，浮土都被炸弹炸遍了。在付出了巨大代价后德军才占领了半个岗。

从此苏德军队各自占据着半个岗对峙着，交战部队换了无数批，一直到会战结束。

中央火车站是市内交通枢纽，它是通向伏尔加河河岸的主要通道，第62集团军防线也由此穿插而过。那天晚上崔可夫在街头指挥作战，发现火车站被德军占领后，将集团军防线一分为二，部队处于分割围歼境地。正焦急时，只见一位个子不高、动作敏捷的战士迎面走来，崔可夫示意他停下。

"报告将军同志，第42团1营1连连长德拉甘上尉正带领全连去市中心执行任务。"

"那好，我命令你带领全连占领这个车站。"

"是"，德拉甘接受任务后，迅速拉开队形，在夜幕中冲向车站方向。几分钟后密集的枪炮声在车站上空骤然响起。

车站周围的建筑物已被德军控制，他们躲在厚墙和掩体后面，居高临下，从四面八方射

◀德军步兵与苏军在车站展开激战。

出的密集的枪弹，在苏军前进的道路上织成了一道道火网。

德拉甘决定避开正面突击，采用迂回战术，抄后路攻占车站大楼。他将战士分成若干小组，借着断壁残垣，悄悄绕到楼后。然后让战士们每人准备好三四枚手榴弹，德拉甘一声大喊，手榴弹冰雹似的砸了过去。乘着硝烟德拉甘率战士们冲了进去。大楼里敌人猝不及防，不知苏军底细，仓皇出逃。

就这样，一连顺利地拿下了车站大楼，在德军进攻的主要方向，筑起了一座坚强的堡垒。

然而，这只是一场大血战的前奏。

德军对车站失守大为惊慌。很快查明占领车站的苏军只有一个连，便调集重兵反扑过来。16日拂晓，猛烈的枪炮声重又响起。

德军俯冲轰炸机几乎挨着对面工厂的烟囱从车站上空呼啸飞来，疯狂地扫射，投下了几百枚炸弹。轰炸之后，炮击又开始了。大火在车站的大楼里熊熊燃烧，房屋倒塌，连钢筋都扭曲了，空气中弥漫着令人窒息的硝烟。

经过狂轰滥炸，德军以为车站里边的苏联人已炸得差不多了，又呼啦啦地拥了上来。等到德军刚接近车站，从断壁残垣的废墟中飞来了一阵手榴弹和密集的子弹，双方距离太近了，德国人成了挨打的靶子，一拨拨地倒了下来。

战斗持续了一天，车站大楼仍岿然不动。

德军停止了进攻，决定困死他们。全连仅剩19名战士，德拉甘决心把敌人吸引过来，帮助其他部队减轻防御压力。

他们决定在房顶上悬挂红旗，让法西斯分子知道，他们没有停止战斗。

没有红旗，一位重伤员就脱下血迹斑斑的白衬衣，把它放在正在流血的伤口上染红了。血染的红旗飘扬了起来。

德军开来坦克，准备撞破墙壁消灭他们。反坦克手别尔德舍夫抓起仅有的一支带3颗子弹的反坦克枪，通过暗道躲到拐角处，准备从正面射击敌人的坦克。

可是很不幸，他还没来得及占领阵地，就被德军的自动枪枪手抓住了。

勇士们看到，别尔德舍夫正指手画脚地给德国鬼子述说着什么，德国人听了他的话后，改变了原来的进攻方向，又重新开始了进攻，而进攻的地段正好在勇士们唯一的一挺重机枪的射界内。

很明显，别尔德舍夫蒙骗了敌人。

勇士们故意停止了射击，德国人以为他们没有子弹了，变得猖狂起来，他们大声喧嚷着，挺着身子从掩体里走了出来。

这时，重机枪突然响了起来。最后一条弹链的 250 发子弹一股脑儿射向敌人。德军倒下一大片，活着的又惊慌失措地逃回掩体。

很快，勇士们看见，敌人把别尔德舍夫推到瓦砾地上，对他连开数枪。

法西斯分子暴怒了，他们拖来大炮对着勇士们防守的房子猛轰。

房子倒塌了，勇士们全部被埋在里面。

崔可夫彻夜不眠睁大眼睛注视着集团军阵地的态势。集团军右翼：从雷诺克至马马耶夫岗形势稳定，德军的几次进攻都被击退了。在中央防线，马马耶夫岗仍然是争夺的焦点，双方各自对峙着，呈胶着状态，中央车站守军陷入了围困。德军开始向伏尔加河中心渡口突击。防线左翼，在德军 4 个师兵力的进攻下，驻守该地的巴特拉科夫独立第 42 坦克旅被迫退向察里察河北岸一线。

形势在恶化，由于不断遇到德军炮火袭击，崔可夫把集团军指挥所从察里津河谷迁往缺少防御的伏尔加河一段陡峭的岸边。

崔可夫预计德军攻势还将增强，而他手上已没有预备兵力，请求方面军火速增援。

援兵来了。坦克第 137 旅派往近卫第 13 师右翼，步兵第 92 旅则护卫该师左翼，阻止德军沿察里察河扑向伏尔加河。

新锐部队的到来减缓了近卫第 13 师的压力。尤其是第 92 旅，在察里津河以南设立了一个个据点。他们防守着一排排高耸的粮仓。德军虽然把粮仓炸坏烧毁了，但这些粮仓从底仓到顶层，每一层都由苏军层层把守着，德国人无法将其夷为平地，反而丢下了一批批尸体和烧毁的坦克。

但保卢斯的军队仍不顾一切地向市中心和城南进攻，把整团、整师的部队投了进来。

此时，斯大林格勒方面军指挥所里灯火通明。副最高统帅朱可夫、总参谋长华西列夫斯基刚从莫斯科飞到前沿，正与叶廖缅科、戈尔多夫商议着减轻斯大林格勒守军主要是第 62 集团军的压力。

戈尔多夫说："斯大林格勒地域的形势越来越紧张，无休止的空中轰炸造成了大破坏，全城已成一片废墟。9 月 13、14、15 日三天，德军正不顾一切地步步逼近伏尔加河，第 62 和第 64 集团军的压力太大了。"

叶廖缅科接着通报了第 62、64 集团军近日战况。

朱可夫听着他们的议论，把目光长时间留在地图上。良久，对众人说："应该实施反突击，不把德军兵力从斯大林格勒引开，就无法遏制形势恶化。"想了想，他说："向最高统帅报告我们的决定。"

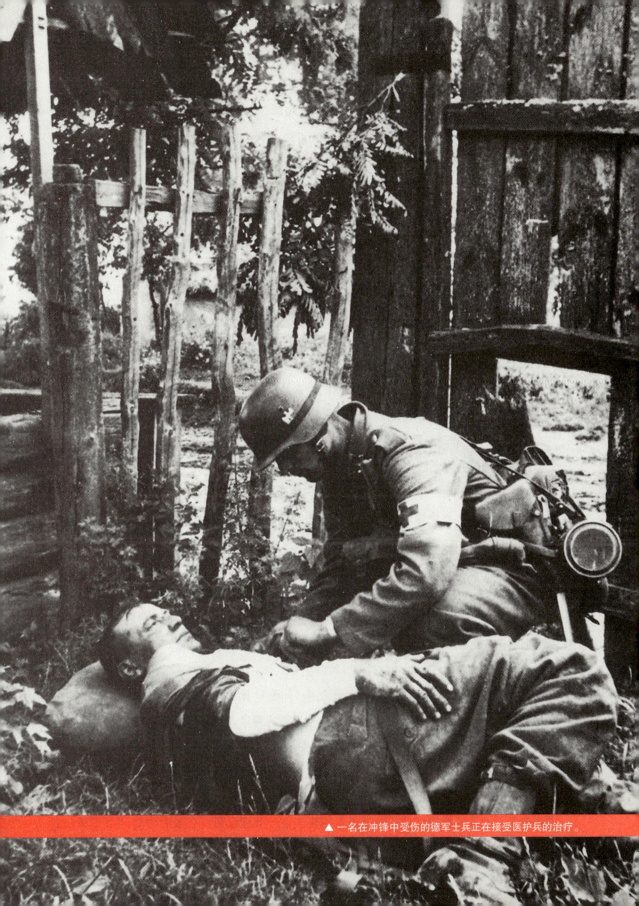

▲ 一名在冲锋中受伤的德军士兵正在接受医护兵的治疗。

反突击计划很快得到斯大林同意。

计划从 18 日起,斯大林格勒方面军近卫第 1 和第 24、60 集团军在古姆拉克、戈罗季谢方向对敌实施反突击,迫使保卢斯从斯大林格勒市内抽调兵力。同时,命令第 62 集团军在马马耶夫岗和城市西北郊组织反击。

9 月 19 日,苏军实施了突击,经过两天的残酷战斗,虽然德军所有的阵地都守住了,但德军的主要力量在关键时刻被钳制在了市中心。

当日,苏步兵第 92 旅在进攻工农大街时将德军赶出了斯大林格勒 2 号车站,并前出到粮库。被德军包围的步兵第 42 旅也突出了包围圈。

突击达到了一定目的。但到了当日下午 17 时,城内德军力量增强了,双方展开遭遇战。

20 日,罗季姆采夫师形势恶化,近卫第 35 师亦严重减员,无法组织起有效的攻击。马马耶夫岗仍处于恶战之中。

晌午,第 95 师师长戈里什内上校坚定沉着的声音通过电话在崔可夫耳边响起:"马马耶夫岗局势稳定,双方防线一天内只有 100 米变化。"

崔可夫警告说:"此处关系全局。要注意,哪怕是 100 米变化,也会导致阵地丢失。"

"宁死,我也不放弃马马耶夫岗。"

戈里什内与阵地共存亡的决心使崔可夫十分满意。

午后,德军再次对近卫第 13 师发起进攻。德军小股部队已悄悄渗透到苏军稀疏防线,来到伏尔加河中心渡口。罗季姆采夫赶紧派叶林团增援,半途中遭到飞机轰炸,迟迟未能到达指定地域。

21 日深夜 2 时,崔可夫有过一小会儿心情舒畅。他接到方面军司令员电话,通知他斯大林格勒方面军的一个坦克旅已从北面冲过德军阵地,将与第 62 集团军会师。

崔可夫狂喜,立刻把睡下的司令部人员叫起来,大家守着电话机不时与前沿部队联系,整整一晚上毫无音讯。第二天消息传来,希德贾耶夫上校指挥的坦克第 67 旅在敌防线纵深处陷入重围,全部阵亡。

这时又传来了中央车站失守的消息,近卫第 13 师 42 团 1 连已全军覆没。崔可夫这才预感到德军将涌向中央码头渡口,第 62 集团军已被切割成两半,处于危急之中。

即使在形势最危急的时刻,崔可夫也没想到要撤退。

一天,集团军军事委员古洛夫悄悄告诉他,为防万一,他已为集团军军事委员会留了几条船。崔可夫说:"这与我毫无关系,我不会撤到伏尔加河左岸去。"

古洛夫激动地紧紧拥抱了他。参谋长克雷洛夫在一旁建议道,在最后时刻,"我们将一起清洗好自己的手枪，把最后一粒子弹留给自己的脑袋。"

为了稳定部队情绪，他们经常离开指挥所，到前沿部队去，为的是让战士看一看集团军首长没有离开他们，与他们同生死共患难，部队士气更加高涨。

大批德军突破近卫第 13 师防线，第一次来到伏尔加河边，向中心码头挺进。这一招颇出乎崔可夫预料。他立刻意识到，敌人如果占领了中心码头，就会控制伏尔加河，切断第 62 集团军可提供增援和补给的生命线，并将威胁城北工厂区。崔可夫当即命令巴秋科师沿伏尔加河向中心码头反攻，同时罗季姆采夫师也得到了 2,000 兵员的补充。

激战持续了两昼夜，终于挡住了德军进攻的势头。崔可夫舒了一口气，对第 62 集团军来说，危机暂时已经过去，他也用不着为自己留一颗子弹了。苏军虽然损失很大，但在大街上也趴着几十辆燃烧着的德国坦克和数以千计的德国士兵的尸体。

No.3 哈尔德被免除职务

9 月 24 日，德陆军总参谋长哈尔德应召来到元首办公室。

他感到心神不安。最近在作战会议上，他总是与元首发生争执，有时甚至面红耳赤，双

▼ 德军在坦克的掩护下向前攻击，此时一名受伤的德军士兵正慢慢爬回己方阵地。

方都很难堪。

那是在 8 月末，德军在高加索和中央战线的进攻陷于停顿。在大本营例行的作战会议上，希特勒对克鲁格大加训斥："我们的将军们能进攻几个方面，就进攻几个方面，却没有掌握住进攻一要快、二要面窄。他们都干什么啦？"

在场的人面面相觑，默不作声。这时，哈尔德报告说：

"高加索的军队也陷入困境，燃料短缺、兵力不足，看来只能收缩战线，把部队往后撤。"

希特勒闻言大发雷霆："你好像总是这样建议—撤退。"他突然咆哮起来："这个想法必须从陆军中铲除，永远铲除。"

在结束讲话时，希特勒强调说："我必须要求指挥官和士兵一样顽强。"说着瞥了哈尔德一眼，在场的人都领会了希特勒话的含义，不由得笑了起来。

哈尔德，这个对元首一向唯唯诺诺的将军这次可受不了了，他争辩道："我是很顽强的，我的元首。可是在那里，我们的步兵和尉官正数以千计地死亡，而这只是因为他们的司令官拒绝唯一可行的决定—他们的手脚被束缚住了。"

没等他说完，希特勒按捺不住地嘲笑道："什么，哈尔德先生，你在第一次大战中是坐办公室的，这次也是这样，关于士兵，你认为能给我一些什么见教呢？你这个甚至在军章上连一道弯杠都没有得到过的人！"说着还敲敲自己胸前的铁十字勋章。

希特勒对参谋总长哈尔德将军的反感与日俱增。他常在私下里抱怨哈尔德处处与自己作对。他说，像哈尔德这类专家，只会向我精确解释某件事为什么不能那样做，士兵有点伤亡，就吓得不知所措了。

哈德尔怀着复杂的心情走进了元首办公室。他又一次与希特勒产生分歧。这次争论的焦点是斯大林格勒。

哈尔德大胆地说："保卢斯集团军在那里进行逐屋逐街的争夺，牺牲太大，从军事战略考察，占领这座已成废墟的城市价值不大了。"

希特勒终于忍无可忍，把哈尔德职务免除了。由 47 岁的库特·蔡茨勒接替了他。

希特勒撤了哈尔德的职务，尽管解了一时之恨，但对眼下的战局还是十分失望。

一个月前东线的胜利似乎已成定局。在高加索，李斯特的部队已占领了迈科普的油田，他的坦克大军正打算向固阿普谢和苏呼米港进军；中央战线上，陆军元帅冯·克鲁格集团军刮起的"旋风行动"进展顺利，德军像一把锋利的尖刀直插苏希尼契，希特勒盼望他再来一次哈尔科夫式的大捷。北方的列宁格勒也已陷入德军重围，曼施坦因这位塞瓦斯托波尔的征服者想故伎重演，在城外集结了 1,000 门大炮，富有想像力地要组织一次自凡尔登以来未曾有过的大炮重奏曲。伏尔加河畔的战役也逐渐取得进展，苏军的防线已越缩越小。

但是，战局很快发生了戏剧性的变化。先是在高加索，李斯特的军队在穿越崇山峻岭途中遭到了苏军顽强抵抗；过山的路只有一条，而且狭窄险要，德军装甲车无法大范围迂回穿插，眼睁睁看着庞大的集团军被阻挡在一道道山谷隘口间难以动弹。苏军甚至动用了3,000多架飞机进行轰炸。到8月末，李斯特的攻击力减退了。那不可逾越的道路、毁坏的吊桥、浓浓的大雾、强烈的暴雨、大雪和苏联人的殊死抵抗，把这个剽悍蛮横的日耳曼元帅击垮了。

冯·克鲁格的"旋风行动"也遇到了麻烦。本来克鲁格对元首组织的这次战役就抱有成见，现在他的军队面对的是一片沼泽地和雷区，德国士兵的伤亡出人意料地严重。

现在轮到了曼施坦因。他想用大炮把一座城市夷平的奇招，被苏联人识破了。他们早有防备，几十万工人一听到炮响就扔下工具，拿起步枪，涌到战壕、工事里去了。大炮把城市大部分建筑毁坏了，可要占领它，德军要被迫在街道和杂乱的瓦砾间展开巷战，所需的兵力远远超出他的第11集团军范围，他不得不推迟了对列宁格勒的进攻。

唯独伏尔加河边出现了一线曙光，经过两个多月血战，保卢斯终于撕开了苏军顽强的防

▼ 围攻斯大林格勒的德军士兵正在路旁休息。

线，冲向了市区。里希特霍芬的第4航空大队每天把1,000吨炸弹扔向这座城市。从飞机上望下去，地面情况令人胆寒，到处是熊熊烈火，战场上空弥漫的灰尘有两公里。希特勒现在把希望都寄托在保卢斯身上了。他对将军们说，只要占领了这座城市，其他战线的战局势必打破，到时候，战争也就百分之百打赢了。

9月13日，对斯大林格勒有计划的进攻开始了。希特勒对身边的人说，他要保卢斯把这座城市中男性公民"处理"掉，把妇女运走。

9月中旬，当德军的坦克隆隆驶进斯大林格勒市区后，遭到了苏第62集团军的顽强狙击。离开了顿河辽阔的草原，德军机动作战的优势减弱了。当坦克进入残破建筑物之间的狭窄街道后，很容易遭到在它们头顶上发射出的反坦克枪和手榴弹的袭击。

保卢斯改变了战术，把部队拆成小股，整营整营地向四面八方投入兵力，去争夺每一条街、每一个坍塌的建筑物，每一寸毁坏的城区。苏军的战术变得高明起来。在优势敌人的冲击下，苏联人开始或两三人一组，或独自作战。他们隐蔽在地下室、被炸毁的瓦砾里，甚至弹坑中，出其不意地向德军射击。当德军摆开阵势围攻时，要么久攻不下，要么对手已消失了。结果形成这样一种格局：德军可以凭借优势的兵力占领一个大的区域，但区域中总有几座建筑物被苏军士兵占据着。在另一些地方，德国人的楔形攻势将小股部队渗透进了苏军防线，并建立了稳固的"滩头阵地"。而有些地方的争夺更为激烈，在一栋大楼里、在一条街道内、在一座山岗上，双方各据一半互相对峙着，谁也无法如愿地消灭对方。

进入巷战的斯大林格勒已无战线可言，城市的每一条街，每一栋楼甚至每一楼层每一房间都成了两军交战的场所。斯大林格勒城60万老百姓和苏军与几十万德军陷入了一场真正的大混战之中。

斯大林格勒战况令希特勒烦躁不安，难以忍受。苏联人竟然一次次地阻缓了第三帝国士兵的进攻，简直不可思议。

希特勒知道，德军面临着巨大的困难。担负进攻任务的两个集团军群已精疲力竭，但他还坚持要他们尽最大努力继续前进。他决意要把整个斯大林格勒都拿下来，并占领高加索油田和高加索地区。由于攻势在全线都已停止，他决定发动一系列小规模进攻以便把整个攻势再度带动起来。

"报告！"新任参谋总长蔡茨勒的报告声打断了他的思路。蔡茨勒走进办公室。

希特勒打起精神，对他说："你告诉保卢斯，红军已被打垮，他们没有预备队了，因此没力量发动大规模的进攻。我命令他们要一条街一条街，甚至一幢房子一幢房子地占领全城。要尽快结束战局。"

▲ 希特勒正与手下将领们交谈。

第六章

破釜沉舟

　　这位狂妄的独裁者太需要这一场胜利了，如果让第三帝国的旗帜插在这座以斯大林名字命名的城市，就等于向世人宣告他希特勒征服世界的计划是任何人也无法阻挡的。

No.1　燃烧的大火炉

德国大本营的命令很快传到第6集团军司令部。保卢斯看着电文，感到肩上的担子太沉重了，他明白眼下已到攻城的最后关头。

9月13日德军突入斯大林格勒城区后，战斗就变得异常激烈。敌我双方为争夺每一座房屋、车间、水塔，甚至为争夺一堵墙、一个地下室、一堆瓦砾而展开激烈交战，其激烈程度是开战以来所未有过的。

经过13天的血战，德军终于占领了该城城南和市中心大部分区域。本来保卢斯打算让参战部队休整一下。补充弹药和人员再继续作战，岂料大本营一再催促，口气一次比一次严厉，甚至把对斯大林格勒作战持不同看法的总参谋长哈尔德上将的职务都免除了。保卢斯意识到大本营把此项战役看作关系到第三帝国的整个战局，已容不得有丝毫闪失。

但是，要重新进攻必须补充兵力，保卢斯向大本营提出了要求。大本营决定从其他战线陆续抽调部队开往斯大林格勒，同时将霍特第4坦克集团军的两个师调拨给他，又给他增派6个师的兵力。元首通过电话鼓励他："你带领你的集团军，你将所向无敌。"

保卢斯心情亢奋起来，他立刻调兵遣将，对战线作了重大调整。除了攻占马马耶夫岗外，将进攻重点转向城市北部，摧毁仍在源源不断生产坦克、大炮的"红十月"厂、拖拉机厂、"街垒"厂，将苏第62集团军彻底消灭。

在一次作战会议上，保卢斯对心有疑虑的部属点拨道："考虑战事首先要从第三帝国整体利益出发，无论如何要攻占斯大林格勒，要使第6集团军战斗到最后一兵一卒。"

从9月27日到10月上旬，德军精心准备的新一轮攻势打响了。

崔可夫一直观察着德军的行动，德军在拉兹古利亚耶夫卡和戈罗季谢一带的大量集结立刻引起他的警惕。他判断保卢斯的意图是要将战斗重点转向城北。

崔可夫开始为马马耶夫岗忧虑起来。当时马马耶夫岗顶部由苏第95师控制，而其南坡和西坡则在德军手里。这些天，德军已加强了在马马耶夫岗的兵力，崔可夫想：与其坐以待毙，莫如先敌下手。

9月26日下午18时，他给守军下达了反击命令。次日清晨，苏军集中了150门大炮和3个火箭炮团，对马马耶夫岗南坡施行猛烈炮击。尔后，戈里什纳上校指挥第95师发起冲锋。战斗进行得很顺利，只用一个小时就把德军赶出了山岗西坡和南坡。

上午10时30分，德军开始转入了进攻，集中了新到的轻型步兵第100师和第389补充师以及加强了坦克的第24师，以便攻占红十月街和马马耶夫山岗。

德航空兵对苏军阵地猛烈轰炸，从前沿一直突击到伏尔加河岸。戈里什纳师在马马耶夫

▲ 一支德军摩托化部队正向斯大林格勒方向开进。

山岗预部构筑的支撑点，已被敌人的轰炸和炮击彻底摧毁。

第62集团军的指挥所也接连遭到敌机的轰炸。附近的油箱烧起熊熊大火。从戈罗季谢地域进攻的敌人坦克，不顾一切地穿过了地雷场，敌人的步兵跟在坦克后面一股股地冲上来。到了中午，集团军同各部队的通信联络中断。无线电台出了故障。

由于集团军与部队不能经常保持通信联络，指挥所虽然与前沿最大距离只有两公里，可是仍然不能准确地掌握前面的情况。为了及时了解战斗过程，他们不得不一再把指挥所向前推。有时，崔可夫等只好带上通信参谋，亲临火线。

由于烟尘滚滚，不便观察，他们即使到了第一线仍难免不能掌握战斗的全貌。晚间，他们回到指挥所时，又发现司令部里牺牲了不少参谋人员，感到十分伤心。

直到深夜，崔可夫才确实地掌握到一些具体情况。敌人不顾重大伤亡，已经穿过了

▲ 苏军指挥员头部负伤仍在坚持指挥战斗。

我们的雷场，突破了苏军的第一线防御，在若干地段上已经向东推进了 2～3 公里。崔可夫心里想："如果敌人再组织这么一次进攻，我们就要被赶到伏尔加河里去了。"

坦克军和叶尔莫勒金师的左翼遭到敌人主力的突击，伤亡和损失十分严重。至 9 月 27 日晚前，其残部尚能防守梅切特卡河大桥、巴里卡德镇以西 2.5 公里处、巴里卡德镇的西南部、红十月镇西郊和班内冲沟地区。敌人已经占领沙赫特大街、热杰夫大街、107.5 高地。

苏第 95 师已被迫撤离马马耶夫山岗顶部。该师各战斗分队虽已残缺不全，但仍然继续顽强地组织防御，占领山岗的东北坡。

在集团军其他各地段上，敌人的进攻均已被击退。

在这一天的战斗中，德军被击毙不下 200 人，损失坦克 50 余辆。苏军也遭到重大损失，特别是坦克军的各部队以及第 95 师，损失更加严重。

在莫斯科，斯大林望着地图上标出的苏军日益缩小的防区，陷入忧虑之中。这一天他与崔可夫、华西列夫斯基讨论了前线形势，作出了影响战局的两项决策：第一，迅速向被包围的苏第 62 集团军增派部队；第二，改组斯大林格勒战区的指挥系统。

以后的日子崔可夫是在焦虑不安和期待中度过的。苏军的顽强抵抗和源源不断的援军使他松了口气，对战局日益充满信心。从 9 月 27 日夜到 10 月 2 日，短短 6 天，最高统帅部派来了 5 个师的兵力，它们是 9 月 27 日夜参战的步兵第 193 师；9 月 30 日参战的近卫第 39 师；10 月 2 日参战的步兵第 308 师和近卫第 37 师。苏军的顽强抵抗和援军到来，终于遏制住了德军狂潮般的进攻势头。

斯大林格勒的指挥系统也得到显著改善。9 月 28 日，最高统帅部命令：将正在保卫斯大林格勒的东南方面军更名为斯大林格勒方面军，叶廖缅科上将继续任方面军司令员，编成内有第 62、第 64、第 57、第 51 和第 28 集团军。原斯大林格勒方面军改名为顿河方面军（含第 63、第 21、第 24、第 66 和近卫第 1 集团军），由罗科索夫斯基中将任司令员。各方面军直接受大本营指挥。同时指派副最高统帅朱可夫大将、总参谋长华西列夫斯基上将作为统帅部代表亲临前线指挥。这次改组，为苏军一个月后的反攻打下了基础。

德军第 6 集团军司令部，保卢斯正在看着一张斯大林格勒地图。这次进攻又受到守军层层阻击，交战双方陷入了一场大混战。仅 9 月 28 日一天，德军就损失坦克 29 辆，伤亡官兵 1,500 人。光是丢弃在马马耶夫山岗斜坡上的尸体就有 700 具。

保卢斯两眼紧紧盯住地图上的奥尔洛夫卡，守卫这里的苏军直接威胁着德军部队侧翼，为消除隐患，他决定拿奥尔洛夫卡开刀。

9 月 29 日，德坦克第 16 师、步兵第 389 师和"施塔赫尔"突击集群向防守在该地区突出部的苏步兵第 115 旅、第 149 旅和摩托步兵第 2 旅发起进攻。在德军强大攻势面前，守军陷入重围，德军原以为很快会结束战斗，没料到竟打了 7 天 7 夜。

以奥尔洛夫卡山谷之战为例，苏第 115 旅第 3 营被德军围了整整 6 天，但他们仍一次次击退德军进攻，最后在弹尽粮绝的情况下才被迫突围，全营 400 余人只剩下 20 多人。

保卢斯为一举清除奥尔洛夫卡山谷付出了重大代价。苏军的兵力虽然比较薄弱，但在该地段上牵制了德军坦克第 16 师的近百辆坦克以及步兵第 389 师和"施塔赫尔"集群。

参加过那次战斗的原德军丁勒上校战后在追述这一战役时，仍对苏军的顽强作战感到不可理解，他说：

"我们想尽一切办法把在沟里的（指奥尔洛夫卡山谷，苏第 115 旅第 3 营防御阵地）苏

▼ 斯大林格勒城中的老人也拿起了武器抵抗入侵者。

联人的反抗压下去，但都是徒劳的。我们的轰炸机向山沟投下许多炸弹，炮兵对其进行猛烈的炮击。我们还派出一队队精锐分队进行冲击，但他们总是丢盔卸甲地往后退。苏联人隐蔽在战壕里是多么牢靠啊……最后，苏联人完全与外部世界断绝了联系。他们已经指望不上由空中供应食品，因为我们的航空兵这时完全掌握着空中优势。但也别想以饿死来威胁敌人投降……这个沟简直就是我们的眼中钉，阻碍着我们前进。"

第62集团军整个防御正面上都在进行激战，马马耶夫以北，战斗更加激烈。军事委员会分析了集团军整个防线上的情况后认为，敌人下次的强大突击将指向斯大林格勒拖拉机工厂、"巴里卡德"工厂和"红十月"工厂。敌人已把重兵从斯大林格勒南郊调到了这个方向。

崔可夫利用从维什涅瓦亚长形凹地至伏尔加河岸之间4～5公里的地区，组织了纵深梯次的防御，把若卢杰夫少将的近卫第37师部署在第二梯队。此外，还给工人支队补充了武器，

使他们与部队之间建立了协同通信联系。原先工人支队只是修复被破坏的火炮和坦克以及其他兵器，如今他们必须拿起武器与第62集团军的战士们并肩保卫自己的工厂了。

萨拉耶夫师的一个团，作为预备队，被调到伏尔加河的左岸。

集团军的中央地段上，即红十月镇和巴里卡德镇一带，战斗一直进行得十分激烈。古尔季耶夫师于10月2日实施了反冲击，遭敌阻击后，被迫暂时停止，于日落前终于攻占了硅酸盐工厂的一部分以及巴里卡德镇的西北郊。至此，再无力向前发展。

斯梅霍特沃罗夫师正与沿图书馆大街和卡鲁谢利大街进攻的敌人优势兵力展开战斗。激烈的战斗有时发展到白刃格斗。当日晚前敌人进至采霍夫斯基大街和圣经大街。

9月底10月初的日子里，苏第62集团军的防线上，到处进行着激烈的交战。德军占领了奥尔洛夫卡后，就对靠近伏尔加河边的"红十月"厂、"街垒"厂和"拖拉机"厂

发起进攻。

守卫"红十月"厂的是古里耶夫少将指挥的近卫第39师。这个师把工厂的各个车间都变成了攻不克的堡垒，而工人们竟然在密集的枪声中坚守着岗位。

德国人的进攻开始了。密密麻麻的炮弹把工厂围墙轰塌了，但德国士兵一接近工厂区就遭到苏军猛烈炮火的还击。战斗呈胶着状态。几天后德军发现在"红十月"厂和"街垒"厂之间，有一条从伏尔加河一直向西延伸的冲沟，沟里堆满了炉灰渣。他们打算利用冲沟发起进攻。

其实，苏军早已发现了冲沟的秘密，波得·扎伊采夫中尉率领一个机枪排守卫在冲沟后面。当德军悄悄逼近时，扎伊采夫用准确的点射回敬他们。

偷袭不成，就来强攻。德军的炮兵压得阵地后的苏军抬不起头，但炮火一停德军开始冲锋时，苏军的机枪就响了起来。忽然，一机枪手被炮火击中倒下了，列兵叶梅利扬诺夫立刻冲上去，用机枪不停地扫射着。

这一天德军轮番冲锋数十次。扎伊采夫受伤了，排长也倒在机枪旁，身后是卡拉肖夫中士指挥作战。黄昏时，那条沟里躺着400多具德军尸体。

10月初，整个斯大林格勒像一座熊熊燃烧的大火炉。城北作战异常激烈，市中心枪炮声也从未停止。经过不停的轰炸，城市建筑早已倒坍。但行进在瓦砾间的德军依然心惊肉跳，他们不知什么时候会从什么方向射出一串子弹，每前进一步都要付出流血的代价。即使是德军完全占领的区域，也总有几座楼房成为德军难以攻克的堡垒，消耗着德军力量。保卢斯不得不分散力量，去对付来自四面八方苏军的威胁。德军的进攻也就从开始的狂潮怒涛，渐渐变成平缓的细流碎浪，最终走向枯竭。

No.2　度过危机

斯大林格勒守军最艰苦的日子来临了。

城内展开着激烈的巷战，冲锋和反冲锋、突破与反突破、包围与反包围混作一团。双方交战阵势犬牙交错着，为争夺每一条大街、每一幢房屋、每一个广场、每一家工厂而奋力拼杀着、搏斗着，鲜血染红了城市的每一寸土地。但是，在10月上旬的日子里，德军凭着人多势众，逐渐掌握了战场上的主动。

德军占领了城南和市中心，他们插入城北叶尔曼区、捷尔任斯基区、红十月区、街垒区和拖拉机厂区的楔形攻势在不断地扩大，隐蔽在河边的机枪不断地朝伏尔加河左岸扫射。德

▲ 一脸灿烂笑容的苏军新战士，
等待他的将是战火硝烟的洗礼。

▲ 德军战机在空中为德军提供火力支援。

军轰炸机从日出到日落不停地向大地俯冲着，发出低沉的怪叫，连续不断地轰炸着苏军阵地。躲在战壕里的苏军战士脑中在闪现着一个令人心悸的念头：我们的条状防御地带会不会被德军冲破呢？

这一念头也在崔可夫的脑中闪现。这几天，他焦虑地发现，指挥所地图上标示战线的位置变化很大，蓝色铅笔标着的战线在持续推进，红铅笔标着的苏军防线在逐渐缩小，变得越来越窄。

从 10 月 3 日起，德军向"红十月"厂、"街垒"厂、拖拉机厂发起猛攻。守卫这一地域的苏近卫第 37 师、近卫第 39 师和步兵第 308、第 95、第 195 师奋起反击。德军在进攻前，先以飞机狂轰滥炸，尤其在拖拉机厂区战斗异常激烈。从 9 月底起，德机每天出动飞机数百架次对拖拉机厂不停轰炸，工厂已陷入一片火海。

10 月 5 日，第 62 集团军决定将斯大林格勒各工厂的工人武装总队编入集团军，发给武器和给养，与士兵协同作战，保卫自己的工厂。

工人们表现得十分勇敢，他们虽然是第一次拿起武器，但对炮轰和空袭早已习惯了。几个月来，他们一直在密集的枪炮声中坚守着工作岗位。现在他们在车间里已听得见德国人皮靴的声音，听得见口令和喊叫声，甚至子弹上膛的声音。他们立刻拿起武器，埋伏在锅炉旁、机器旁，瞄准着德军射击。

工厂成了战场、成了堡垒，不时有火光闪动，空气中弥漫着呛人的硝烟，忽而又传来阵阵爆破声。

然而，德国人还是一步步向前推进。

10月8日，德军开始准备新的进攻。希特勒已经向他们的仆从国许下诺言，要在近日内拿下斯大林格勒。

在战壕里的德军士兵疯狂地叫喊："苏联人，快要在伏尔加河里咕嘟啦！"

德军飞机向城内撒了大量传单。威胁说："苏军将士如果逃至伏尔加河左岸不投降，希特勒必将给予严惩。"传单上印有苏军被坦克和火炮从四面八方团团围住的图片。

戈培尔宣传家们的东西没有取得任何效果。苏军的党团组织夜袭部队和分队不懈地进行宣传教育工作，揭穿敌人的欺骗宣传。

当时苏军军营里盛行着一首歌曲《献给英雄城》，这首歌是一位中士帕诺夫写的。他的歌词朴实无华，近卫军战士们都喜欢。这首歌像生活本身那样真实：

> 战火隆隆，震动街区，
> 马达狂吼，不肯停息；
> 团队奋起，誓死保卫伏尔加河岸，
> 宛如铜墙铁壁。
> 让敌人永远不能忘记，我们从来不会放弃一地。
> 这是同志临终前的豪言壮语。

战士们当时有个信念：只能歼灭敌人，不能向后撤退；为了保卫祖国的土地，要寸土必争。

10月14日，希特勒向德军下达命令，在整个苏德战场上转入战略防御，而在斯大林格勒方向发动更猛烈的进攻。

黎明开始的强大航空兵和炮兵的火力准备是这次进攻的前奏。德军飞机出动次数一天内达到3,000架次。

爆炸声震耳欲聋，万物被烧焦，尘土飞扬，烟雾滚滚。5米之内，什么也看不清。

在经过5个多小时昏天黑地的轰炸之后，保卢斯调集了5个步兵师和2个装甲师向城北工厂区只有5公里深的狭长防线猛扑过来。

这天清晨，崔可夫就预感到了危险。德军轰炸机在空中隆隆作响。他抬起头，注意静听。头顶上响起了炮弹的呼啸声。霎时间，附近的爆炸声震动了大地，阵地迸出火花。炮弹爆炸的轰鸣声震耳欲聋，根本听不到飞机的声音。

四周烟尘滚滚，到处是焦煳和火药气味，一时间天昏地暗。崔可夫连忙向通信主任尤林

▲ 德军轰炸机正在投掷炸弹。

问道：

"通信情况怎么样？"

尤林报告说："经常坏，我已经接通了无线电。"

崔可夫大声喊道："那不够用……赶紧动用左岸的备用通信枢纽。要经常把密码译出来，经常把情况报告给我们。"

清晨8时，德军在拖拉机厂、街垒厂发起进攻。守卫该地域的近卫第37师、步兵第95、第308师在10月初的激战中减员严重，德军以优势兵力发起攻击。

在近卫第37师第109团阵地上，德军的3次进攻都被击退了，阵地前有20余辆坦克被击毁，德军丢下了300多具尸体。但德军在进攻被击退后，又不顾一切地冲了上来。德军的大炮压得第109团苏军抬不起头。

10时整，第109团阵地被德国人夺占了。但战斗并没有结束，苏军士兵钻入地下室和残破的楼房内。

德国人看到街道上空无一人，就大摇大摆行进在一座座倒塌的建筑物上。突然，他们遭到迎头痛击，手榴弹、燃烧瓶从瓦砾堆里飞了出来。最后德军使用喷火器，烧一段攻一段，苏军一边还击、一边撤退。经过4个小时激战，第37师防线被突破。

这一天，崔可夫指挥所一片忙乱。电话员们向各通信线路拼命呼叫着，通信参谋在向集团军参谋长报告不断收到的战况，打字机也在劈劈啪啪响着，掩蔽所上空炮弹和炸弹呼啸着，棚屋上的尘土不停地洒落下来。久经沙场的崔可夫也有些沉不住气了，他打电话给空军集团军司令员赫留金将军，请求他设法让德国人的飞机安分点。赫留金回答说，实难从命，德军已封锁了苏军各个机场。

接下来是一连串不幸的消息：

11时，德军突破近卫第27师和步兵第112师左翼阵地。

11时50分，德军占领拖拉机厂的体育场，守军一个营与敌陷入混战。第37师报告：被敌包围的第114团固守在楼房和废墟里；阿纳尼耶沃营6连官兵全部阵亡。

12时，无线电传来近卫第117团报告："团长安德烈耶夫牺牲，敌人包围了我们，我们宁死不降。"

12时10分，步兵第308师报告："敌人的坦克从西面向我阵地实施冲击。战斗十分激烈。炮兵对敌坦克进行直接射击。我们已遭受损失，特别是敌人的航空兵，对我们的威胁更大，请求拦击法西斯空中强盗。"

12时30分，敌人的俯冲轰炸机轰炸近卫第37师指挥所。掩蔽部坍塌，师长若卢杰夫将

▶苏军士兵正在给一门45毫米反坦克炮装填弹药，阻击来犯的德军装甲部队。

军被封在里面。与他的通信联络中断。集团军司令部当即接替了对该部队的指挥。通信线路和无线电均已超过负荷。

下午3时，若卢杰夫亲自来到集团军指挥所。他满面灰尘，浑身湿透，向我们报告：

"同志们！近卫第37师正在坚持战斗，决不后退。"当他走下土台阶时，双手捂着脸，激动地流下热泪。

在步兵第95师的地段，从早晨8时开始也进行着激烈的战斗。炮兵第8连的一位中尉排长弗拉基米罗夫在回忆中写道：

10月14日清晨，天气晴朗。突然间战火隆隆，大地震动。火力之猛，实在是前所未见。数百架飞机在天空轰鸣。炮击声和轰炸声连成一片。一股股的烟尘腾空升起，搞得天昏地暗。人们感到呼吸困难。大家都感到，敌人重新发起了强大的进攻。有线通信立即遭到破坏。人们冒着生命危险赶到炮位，不停地朝敌人开炮。我们炮兵连的观察所陷于敌人的包围之中，但连长雅西科同志仍然冷静沉着，彻夜组织全连火力抗击敌人的冲击。有时当德寇冲到连的观察所跟前时，为了狠狠地消灭敌人，他往往召唤火炮朝自己的观察所进行射击。快到清晨

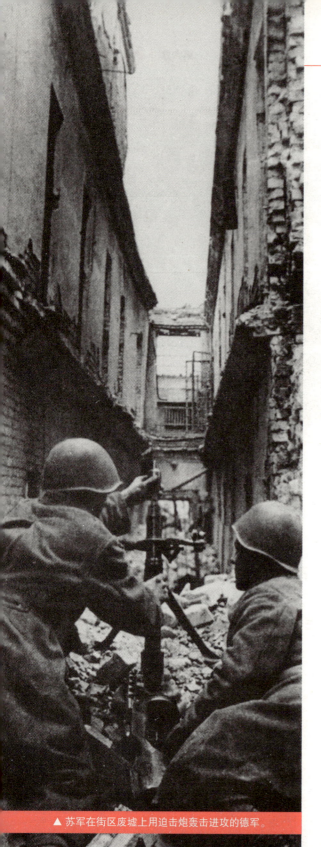

▲ 苏军在街区废墟上用迫击炮轰击进攻的德军。

时，连观察所顺利地突出包围圈。由于接连遭受敌人的轰炸和炮击，我们每门炮只剩下 2 ~ 3 人，但是我们并没有动摇。敌人继续进行炮击和轰炸；连长被埋在沙土里，许多人被震昏。四周熊熊大火，处处是尘烟。人员不断地遭到伤亡，兵器不断地遭到破坏。但是我们的炮兵却一时也没有停止射击。

这一天第 62 集团军防线被德军再一次拦腰切断，德国人在拖拉机厂和街垒厂间打通了一条约 105 公里的走廊。从 15 日到 18 日，德军继续向苏军猛攻，战斗转向了"街垒"厂和"红十月"厂。守卫这两个厂的苏军殊死抵抗，使德军的元气也渐渐丧尽。到 10 月底，进攻已停顿下来。

"危机过去了。"崔可夫向方面军司令员叶廖缅科将军汇报战况，并分析说敌人在 11 月初已无力组织像 14 日那样的重大进攻时，叶廖缅科同意崔可夫的判断。

No.3　保卢斯心神不宁

德军第 6 集团军司令部设在顿河边。这些日子，军官们进进出出地汇报着战场动态，表面一切如故，但那不断响起的电话铃声、打字声、军官们皮靴发出的吱吱嘎嘎的声响不绝于耳。

与交战初期相比，保卢斯变得更加沉默了。他有时在与人谈话中会突然走神，陷入沉思。他在想什么呢？

保卢斯这些天确实有些心神不宁。他有一种大祸临头的预感，但又不知道祸从何来。起先他认为攻占斯大林格勒不会有什么麻烦，苏联人由于夏季的惨败已没有力量进行有力的进攻了。岂料仗越打越激烈，越打越残酷，战场从顿河草原开阔地转到被大大小小沟壑分割的、有许多小树林和山谷的伏尔加河沿岸，又打到斯大林格勒坑洼不平的工厂区。整整4个月，杀得天昏地暗，血流成河。每一次进攻都觉得胜利该到手了，但每一次又总是差那么一点。元首一次次下命令规定攻占的日期，又一次次落空。一个马马耶夫岗、一个巴甫洛夫楼，居然炮轰火烧久攻不下。不，他保卢斯绝不是胆小如鼠之辈，他有顽强的意志和决心，他决不怜悯士兵的流血牺牲，曾一次又一次把部队投进去，把城市炸成了废墟，烧成了焦土，把苏军挤压到只剩25公里长的阵地上。可偏偏这时攻不动、打不了、炸不垮，他百思不得其解。

从军事上分析，他保卢斯采用的战术完全符合作战原则，楔形攻势、两翼包抄、纵深穿插，每次进攻只选一个方向重点突破，天上地下立体作战，德军已占领了这座城市的大部分了。

仗打到这种程度，抵抗已失去意义，一般来说守军不是全线崩溃就是缴械投降了。偏偏苏联人抵抗会变得越来越猛烈，如痴如狂。炮轰、射击、枪刺、刀劈，甚至拳打脚踢、牙咬手抓，直到苏军士兵的生命消失，阵地才被深沉恐怖的寂静笼罩。多么可怕的战场啊！不要说德军士兵受不了，他保卢斯过去也闻所未闻。这仗该怎么打啊！

每当作战受挫，保卢斯就会想起被他撤职的冯·维特尔斯盖伊姆将军，想起他说的话。现在他有些理解这个倒霉的将军了，但他不能步他的后尘。他明白他的命运握在千里之外的元首手中。想到这里，保卢斯突然恍然大悟，原来他心神不宁的根本原因是怕元首追究责任。德国人几十万大军从夏天打到秋天，现在冬天也快到了，居然还不能占领这座城市，元首会怎么做，自己会不会像哈尔德那样被撤职？眼下看还没这种危险，但仗再拖延下去就难说了，到时候即使元首不愿意也不行。前些日子，那个可恶的空军将军里希特霍芬就在元首面前说什么保卢斯如果精神振作一点，早该拿下斯大林格勒了。真是混蛋，让他来试试。

冬天到了，奔腾不息的伏尔加河上漂浮起大大小小的冰块，这正是河上运输最危险的时期。苏军不少装载弹药的小船在夜色中或被夹在冰块间、或撞向冰块而漏水沉没。来往于两岸间的不少航道开始停航。保卢斯正是选择这一时机开始对苏军发起进攻。进攻之前他心中有些不安，因为他刚刚收到驻扎在顿河弯曲部的步兵第44师的报告，宣称那里发现了大批苏军。步兵第376师随后也反映有大量苏军集结，难道苏联人想以纵深包围的方式对第6集团军的翼侧实施突击？正当他心里惴惴不安时，却接到元首大本营发来的进攻命令。

元首对形势的判断远没有他那么悲观。11月9日希特勒在慕尼黑洛思布伦凯勒出席纳粹元老周年纪念的大会上发表演讲，他充满自信地说：

我要到伏尔加去—到一个特殊地方，一个特殊城市去。凑巧，该城有福气取了斯大林的名字……的确这是个重要城市，因为在那儿可以截住3,000万吨水路运输量，包括900万吨石油，浩大的乌克兰和库班地区的粮食也是运到那儿，再向北方运输的，那儿有活矿—它有一个巨大的装运企业。这就是我要夺得的，而且，你知道吗？尽管我们谦虚—我们已经把它夺到手了，仅剩下几小块孤立的地区了。现在，有人会说，"那你们为什么不打得再快一点呢？"因为我不想有第二个凡尔登，原因就在于此。

两天后，保卢斯发动了对斯大林格勒守军的最后一次进攻。此刻，他想或许苏军真的山穷水尽，这一次他大概能旗开得胜、大功告成了。

11日6时30分，马马耶夫岗和城北工厂区又响起激烈的枪炮声。德军的炮火猛烈轰炸着苏军阵地，大批助攻的飞机也飞临上空，从腹部不断抖落出重磅炸弹、燃烧弹，城北陷入火海中。

参加进攻的德军有5个步兵师、2个坦克师，还有从后方调来善打巷战的工兵营。

11时30分，德军击破了苏戈里什内师的防线，包围了柳德尼科夫师，第62集团军的防御被切割成3个孤立的部分：雷诺克至斯帕尔塔诺夫卡、街垒厂东部和"红十月"工厂至码头。到了16日，第62集团军的形势恶化。德军已把守军赶至伏尔加河边。

远在文尼察的希特勒密切关注着伏尔加河畔的这场激战。从地图上看，苏第62集团军已被分割成孤立的3块，4个月来的血战总算到了尽头。这位狂妄的独裁者太需要这一场胜利了，如果让第三帝国的旗帜插在这座以斯大林名字命名的城市，就等于向世人宣告他希特勒征服世界的计划是任何人也无法阻挡的。他的心中早已被这幅美妙的图景所吸引和陶醉，早就迫不及待地向国人暗示斯大林格勒即将陷落，岂料前线传来的报告总是闪烁其词地暗示战斗异常激烈和残酷，他已经在那里陆续投入了100多万兵力，现在已看到了曙光。然而此刻却传来了德军攻打"红十月"厂受挫的报告。他感到不可思议，那些微不足道的溃败之敌竟然在重重围困中，带着伤痕和病痛，怀着不可动摇的信念，担起了残酷战斗的重担，让进攻的帝国士兵难以越雷池一步。

苏军的顽强抵抗激怒了希特勒，他只有严令保卢斯不顾一切地进攻、进攻，用猛烈的炮火将苏军防线瓦解于一片废墟中，连同苏军战士的生命一同消失。11月17日，希特勒给保卢斯去电：

第6集团军司令部：

我得知夺取斯大林格勒的斗争有许多困难并且损失了大量部队。但是，现在由于伏尔加河结冻，苏联人的困难更多，假如我们利用这段时间，以后我们就能保证少流血。

我期待指挥员们像过去多次表现的那样，再一次竭尽全力，做好各项工作，而部队也能像它们经常表现出来的作战艺术那样打好仗，至少要冲到炮兵工厂和钢铁企业区附近的伏尔加河岸边，并夺取这一部分城区。

航空兵和炮兵应尽全力为这次进攻开辟道路并坚决支援这次进攻。

阿道夫·希特勒

这一命令，规定向战斗在斯大林格勒的德集团军以上指挥官进行口头传达，在命令下面保卢斯又添加一行字勉励他的士兵：

"我相信，这一命令会在我们英勇的部队中引起新的精神振奋。"

▶ 苏军在浓雾中通过伏尔加河运送人员和军需物资。（左图）

▶ 激烈的巷战使得德军不得不投入更多的兵力。（右图）

　　然而，4个多月的血战已使德国人用尽了最后一点力气，他们把朱可夫的部队赶到了伏尔加河边，再往下赶却力不从心了。

　　战场的力量对比开始发生了变化。德军先后调来50多个师的兵力，但始终未能实现其战略企图。德军在进攻斯大林格勒的作战中遭受了巨大损失，死伤近70万人，损失火炮和迫击炮2,000多门、坦克1,000多辆、战斗机和运输机1,400多架。希特勒要保卢斯不顾一切地进攻，德军第6集团军的侧翼防线变得薄弱了。德军完全被苏军钳制在斯大林格勒城下，陷入被苏军半包围的态势。

　　在巷战中德军已耗尽了最后一支预备队，这就为斯大林的反攻创造了条件。就在希特勒发布命令两天之后，一场风暴席卷斯大林格勒。斯大林已悄悄集结了100多万部队，从这座城市的北部和南部发起战略反攻，从而决定了这场会战的命运，也决定了第三帝国走向衰亡。

▲ 德军炮火下的斯大林格勒街道。

CHAPTER SEVEN

第七章

战役持续胶着

    苏军在斯大林格勒地区的反攻，使德国将军们大吃一惊。他们感到这是一个不祥的预兆！如果说保卢斯在尝到苏军打击的威力之后，已开始意识到这场灾难的严重程度，那么在遥远的德国大本营里，希特勒还陶醉在他不可战胜的梦幻中。

No.1　神秘的进攻计划

早在 1942 年 9 月中旬，苏军大本营和总参谋部就开始着手拟制一个极为机密的作战计划。

斯大林格勒战役处于胶着状态，斯大林考虑究竟用什么办法才能解决斯大林格勒战场上的德军问题。他想到了朱可夫和华西列夫斯基。应该说，他们是斯大林最为信任和赏识的两员猛将。在斯大林看来，朱可夫有足够的军事指挥天才，而华西列夫斯基则是无与伦比的军事智囊。他们共同的特点是沉着机敏，有决断能力，尤其富有军事创造才能。

朱可夫和华西列夫斯基赶到了斯大林的办公室。斯大林首先说明了让他们来的目的，主要是想听听两位对当前斯大林格勒前线战局的分析和预测，商量如何摆脱各部队当前的困境，以及怎样才能解决掉德军保卢斯第 6 集团军与霍特坦克第 4 集团军，并最后夺取斯大林格勒战役的最终胜利问题。

华西列夫斯基先就整个苏德战场各战线的敌我态势做了全面汇报。接着，朱可夫又把他出发前了解到的斯大林格勒战场的最新变化情况做了较详细的汇报。斯大林手里拿着烟斗，两眼凝视办公室墙上悬挂的著名苏联统帅苏沃洛夫和库图佐夫的巨幅肖像。有时轻轻地吸一口烟，有时则一动不动地坐在那里。其实，他的大脑里想的全是斯大林格勒战场，他一边听着，不时地点一下头，一边想着前方战事。

突然，斯大林收回了视线，对朱可夫和华西列夫斯基说道："要消除德军控制的走廊并与东南方面军会师，斯大林格勒方面军应该需要些什么？"

朱可夫略加思索地说："至少还需要 1 个新锐的诸兵种合成集团军、1 个坦克军、3 个坦克旅和 400 门以上的榴弹炮。此外，在作战过程中必须集中补充至少一个空军集团军。"

斯大林立即拿出他的最高统帅部大本营预备队配置图。伏下身子，长时间聚精会神地看着，仿佛屋里并没有他特地请来的这两位智囊的存在。见状，朱可夫和华西列夫斯基悄悄地走到离斯大林办公桌稍远的地方，然后非常低声地谈论起来。不知是谁说了一句："我们也许需要找个别的什么解决办法……"话音刚停，斯大林突然抬起头来问道：

"有什么别的解决办法吗？"

两人非常吃惊，他们没想到斯大林有如此敏锐的听力。这实在是以前从未听说过的。

"现在还谈不到，但我俩刚才都在这么想。我们认为，对付保卢斯和霍特这两个可恶家伙，必须得有更厉害的办法。至少，得有比他们更厉害的办法才行。"华西列夫斯基一边向桌边走过来一边解释说。

"好哇，是应该这样。"斯大林接着说道，"这样吧，你们现在就回总参谋部去，好好想想在斯大林格勒地域应该采取什么措施，可以由哪里调什么部队去加强那里的部署，同时也想想高加索方面军的问题。明晚 21 时到我这里汇总集合。"

当天晚上和第 2 天一整天，华西列夫斯基和朱可夫一步也没有离开总参谋部。

按总参谋长的命令，作战部、情报部及其他部门给他们送去了一摞又一摞的各种资料。有苏军各方面军的，有德军的，还有许多德国仆从国如罗马尼亚、匈牙利各部队的。他们整晚都是在斯大林格勒地域的地图旁度过的。

深夜，副官给他们安排了夜宵。他们根本给忘了，或者干脆顾不上吃，后来还是厨师亲自给他们送到办公室里来的。总参谋部的各位首长都预感到，总参谋长和副最高统帅肯定有什么特别重大的问题在研究呢，按照纪律规定，他们当然是不便东问西问的。直到次日黎明时分，俩人才稍事休息，但不到 9 时，又都起来投入工作了。到 17 时，俩人出来了，并在各

▼1943 年，时任最高统帅部驻列宁格勒地区代表的朱可夫元帅。

个部门转了一圈儿，与各部首长及工作人员随便地聊着什么。大家都知道，两位高级首长的任务肯定完成了。要不，他们怎么有时间来聊天谈话呢。

　　傍晚，华西列夫斯基给最高统帅打电话说，他们准备如约到达汇报工作。但斯大林说那时他有事，请在 22 时到达。

　　22 时整，华西列夫斯基和朱可夫到了斯大林的办公室。他们刚一进屋，斯大林便气愤地说：

　　"千百万苏联人在与法西斯的斗争中献出了自己的生命，他丘吉尔却为 20 架'飓风'式战斗机与我们讨价还价，真是不像话！更何况，他们的那些'飓风'式飞机还是无用的东西，我们的飞行员都不喜欢这种飞机……"

　　见两人莫名其妙，斯大林就把刚才他与英国大使会见的情形给他们略说了一番。最后，他摆摆手：

　　"好了，不管他了，且听听你们的消息吧。怎么样了？谁先来汇报？"

　　华西列夫斯基回答说："您下命令吧，我们的意见是一致的。"

　　斯大林走到华西列夫斯基铺在桌上的地图跟前，说："你们带来的这是什么？"

▼ 苏军士兵依托一切可利用的地形向德军射击。

"这是斯大林格勒地域我军反攻计划的初步草案。"华西列夫斯基解释说。

斯大林没再说什么，只见他快速地伏下腰身，几乎是趴在地图上看了起来。这时，朱可夫从办公桌上给他拿来了放大镜。斯大林伸手接过来，又继续看了起来。

忽然，他直起身子问道："谢拉菲莫维奇地域的这个集群是怎么回事儿？"

"这是一个新的方面军。我们需要建立这个方面军。它的主要任务就是突击，即在敌军战役集团的后方实施猛烈的突击。"朱可夫一边在图上指画着，一边说道。

斯大林看完后，抬起头："现在我们有足够的力量实施这样大规模的战役吗？"

他把目光轮流地扫向华西列夫斯基和朱可夫，意思是请他们做进一步的说明。朱可夫报告说："根据我们昨天晚上的计算和今天上午的核算，大约一个半月后，这个战役完全可以得到必要的兵力和兵器保障。而且在时间上也能够充分准备完毕。"

斯大林又问："如果只限于在顿河由北向南和由南向北实施突击，是不是更好些？"

朱可夫随即解释说："那样的情况我们也考虑过，但它将使德寇能够迅速地将其装甲坦克师由斯大林格勒附近抽转回来，以抗击我军的突击行动。若像现在这样，我军在顿河以西实

▼ 苏联宣传画中的一幕：斯大林亲临前线指挥战斗。

施突击，就会使敌人由于河流障碍而不能快速机动。这样，他们至多只能以软弱而少量的预备队来抗击我军了。"一口气说完后，朱可夫不得不喘了口气。

斯大林点了点头，表示同意。但随即又提出了一个问题："那么，我军突击集团调动的距离不显得过远了吗？"

两人都觉得，最高统帅确实是个军事天才，只是看了一遍战役计划图，便提出了这么多的关键问题。不过，好在这些问题他们都曾经考虑过。这回，华西列夫斯基解释道：

"您提的这个问题，正是我们要重点向您汇报和请示的。我俩初步认为，这次战役应分两个阶段来进行。在它的第一阶段，我军的目的是，突破德寇的防御，进而合围斯大林格勒集团军并建立牢固的对外正面，以隔绝该集团军与外部敌人的联系；在它的第二阶段，主要任务是歼灭被合围起来的敌人，并制止住敌人解围或突围的任何企图。"

最后，斯大林表示基本同意，并说："你们把计划再考虑一下，而且要好好计算一下我方的资源。"他指了一下朱可夫，"现在，你立即飞回斯大林格勒方面军去，并着手研究克列茨卡亚和谢拉菲莫维奇地域的情况。"他又面向华西列夫斯基，"几天以后，你也应迅速飞往东南方面军叶廖缅科那里，同他好好研究一下左翼的情况。"

临别时，斯大林又说道："关于这一计划，我们以后再继续研究。但有一点务必记住，在这里讨论过的这些问题，除了我们3人外，目前还不要让任何人知道，包括国防委员会的委员们在内。如果有人需要知道有关战役准备工作，将由我本人亲自传达。另外，你们俩人可以告知各方面军司令的仅仅是直接和他们每个人有关的那部分任务的内容，除此之外不能事先透露任何东西。"

这样，俩人便分头做自己的准备去了。

到9月底，这项工作已经基本完成。斯大林亲自给这次空前的大战役取定了一个名字："阳光"进攻计划。后经最高统帅部大本营和国防委员会的批准审核，决定参加这次战役的共有下列部队：

1. 西南方面军，即打算新建立的那个部队。它的指挥机关为：司令员瓦图京，军事委员热尔托夫，参谋长斯捷利马赫；

2. 顿河方面军，即原斯大林格勒方面军。它的指挥机关为：司令员罗科索夫斯基，军事委员捷列金，参谋长马利宁；

3. 斯大林格勒方面军，即原东南方面军。它的指挥机关为：司令员叶廖缅科，军事委员赫鲁晓夫，参谋长瓦连尼科夫。

此后，制订详细计划的工作便交给了总参谋部。总参在具体编制工作中，还吸收了各兵种司令、后勤部长、总军械部长及各方面军的司令和参谋长。他们的任务是，就共同实施"阳光"进攻战役提出自己的详细意见。

最高统帅部大本营决定，关于这次进攻的准备工作，在西南方面军和顿河方面军，由副最高统帅朱可夫领导；在斯大林格勒方面军，由总参谋长华西列夫斯基领导。随后，他们两位便各自赶到自己所在部队去。

10月间，根据华西列夫斯基和朱可夫的建议，又经与斯大林格勒地域各方面军首长们商量，最高统帅部大本营和总参谋部联合提出要求：各部队的反攻准备工作，应在11月初结束，最后一批兵团和发起战役所必需的一切物质，最迟应于11月15日前集中完毕。

No.2 一封密信

11月13日，莫斯科又是一个晴朗的日子。一大早，朱可夫与华西列夫斯基就来到克里姆林宫。

当天，华西列夫斯基代表总参谋部向联共（布）中央政治局和大本营报告了经过核实的"阳光"进攻计划。在政治局和大本营会议上，他着重谈到了下述诸点：

1. 德军兵力基本没有变化，第6集团军和坦克第4集团军的主力仍被牵制在市区的持久战斗中。在俩集团军侧翼（即我军进行突击方向）的仍是罗马尼亚军队。近期未发现有敌预备队由内地开往斯大林格勒方向，该方向敌军亦未表现出任何重要的部署变更。

2. 据已掌握的材料看，在进攻开始前，敌我双方在斯大林格勒地域的兵力大体相等。在我军即将突击的各方向上，由于增加大本营预备队和次要方向的部队，在兵力上对敌已有绝对优势。现各突击集群已经建立完毕，完全有把握使突击成功，并相信定能取得胜利。

3. 在战役初期，按预定计划由西南方面军担任主攻。它已拥有完成这个任务所必需的一切。

4. 在战役的第3天夜晚或第4天凌晨，西南方面军和斯大林格勒方面军所属的坦克部队与机械化部队将在卡拉奇地域会师。这次会师应当完成对斯大林格勒地域的敌军主力集团的合围。

5. 按要求，西南方面军和顿河方面军必须在11月19～20日开始进攻，斯大林格勒方面军必须在11月20日开始进攻。

▲ 德国士兵在斯大林格勒的严寒中作战。

为了使这次精心策划的伟大战役不致因任何小小的疏忽而遭受损害，根据斯大林的指示，华西列夫斯基还要求总参谋部发布专门训令，制定隐秘工作措施，以防止泄漏关于反攻规模、实施时间、主要突击方向及行动方式等消息。比如，来往函件和电报通话绝对禁止谈及有关反攻的事情；命令都必须采用口头传达方法，而且只传达给直接执行者；最高统帅部大本营预备队的集中和方面军的部署变更，只准在夜间进行等等。

战役进攻发起前，华西列夫斯基与朱可夫又向斯大林提出了一项新建议：为了不使希特勒和德国统帅部在斯大林格勒战役危急时刻从维亚兹马以北地区抽调部队来增援敌"南部"集团军群，苏军必须在维亚兹马以北的莫斯科中央方向发起一次迅猛的诱攻性战役，顺便也好一举吃掉一直威胁首都的尔热夫突出部地域的德军。

斯大林对此也十分感兴趣，他很快就同意了这个建议，并要求他俩中派出一人来负责这个诱攻任务。最后，朱可夫被派到了那里，因为他此前曾担任过西方方面军司令。这样，华西列夫斯基便成了南部战线斯大林格勒地域战斗的总负责人。

随后，朱可夫便奉命去了西线，而华西列夫斯基则直接到了斯大林格勒前线。

由于担任此次战役突击任务的西南方面军把司令部设在了绥拉菲莫维奇市。为了方便协调指挥，总参谋部便在这里也给华西列夫斯基准备了一个协调三军（西南方面军、顿河方面军和斯大林格勒方面军）的指挥所。

11月17日，华西列夫斯基经过战前巡回检查，正准备于当天搬到自己的前线指挥所去。恰在这时，他突然又接到斯大林的电话指示，要他必须在18日到莫斯科讨论问题，具体什么问题没做任何透露。

第2天，华西列夫斯基如约来到克里姆林宫，斯大林和全体国防委员正在那里开会。斯大林立即接待了他，并把一封信交给他，请他仔细加以研读。说完，斯大林便回自己的办公室继续开会去了。

在一间被指定只有他一人才能进出的房间里，华西列夫斯基急忙地展开了这封信。读完后确实令他大吃一惊，并且很有点丈二和尚摸不着头脑的样子。原来，写这封信的人，正是在即将开始的斯大林格勒战役中担负重要突击进攻任务的机械化第4军军长沃利斯基。这封信是他不久前写给国防委员会的，内容是请求推迟或干脆取消马上就要进行的这次战役。这位军长在信中写道：鉴于进攻开始前敌我兵力和兵器的对比情况，拟议中的斯大林格勒战役的进攻不仅不会成功，而且，他认为，必定遭到由此带来的严重后果而惨败。因此，作为一名忠实的共产党员，并代表参加这次进攻的其他负责干部，他请求国防委员会立即详细地检查这次战役所作出的决定是否现实，请求推迟这次战役，或者完全取消这次战役。

华西列夫斯基把这封信一连看了两遍，越看越觉得不可思议。他大大地感到惊讶，也极困惑。他对写信人虽不很熟悉，但还是了解的。最近几周，这位军长一直在参加战役的准备工作。不论对整个战役，还是交给他负责的该军任务，他一次都未表示过异议。更何况，在前不久的那次总结会议上，他还当面向大本营代表（即华西列夫斯基）和方面军军事委员会保证，他的军将坚决完成任务，并讲了自己军的充分战斗力及全体官兵的高昂士气。

斯大林要他急匆匆地赶回来，就是因为国防委员会要在这个问题上听听他的看法。一则，他认识并了解这位写信人；再者，这位军长就在他负责协调指挥的部队中，而且战役马上就要开始。当然，华西列夫斯基是不同意这封信的分析的，他当时就把这一看法告诉了斯大林和国防委员会委员们。

当时，斯大林当着华西列夫斯基的面就给沃利斯基军长挂了一个电话，在简短的谈话中，最高统帅并没有严厉地批评这位军长。然后，他对华西列夫斯基说，他的意见是还把写信人留在军里，因为后者刚刚还表示过一定完成上级交给他们军的任务。关于他是否还担任该军军长的问题，要按该军的行动结果再做最后决定。但是，关于该军及写信者本人在战役头几天的作战表现，他命令华西列夫斯基必须向他提出专门报告。

11月19日清晨，华西列夫斯基就回到谢拉菲莫维奇的指挥所里。这时，进攻已经开始了。

这一天，注定要成为斯大林格勒会战中最重要的日子。

7时30分，沿西南方面军和顿河方面一线，3,000多门苏军大炮开始轰鸣，炮击持续了80分钟，在罗马尼亚第3集团军阵地上倾泻了上百吨炸弹。

8时50分，步兵和坦克兵团投入战斗。强大的炮火尽管破坏了罗军的防御，但敌人没有束手就擒，而是拼死抵抗。直到下午，苏军波浪式的进攻，才导致罗军的溃败。与此同时，在顿河方面军进攻的方向，德军的防线也被突破。战斗在广大地域上展开，罗马尼亚集团军第4军被消灭了，罗马尼亚第11骑兵师被分割包围，失去了与罗马尼亚第3集团军的联系。

苏第5坦克集团军从谢拉菲莒维支西南30公里处的高地发起进攻，突破了罗马尼亚集团军第2军的阵地。迅速向南挺进，在中午时占领了别列拉佐夫斯卡娅以北的高地。苏军坦克军和骑兵转向东南，于傍晚抵达卡尔梅科夫，插入罗马尼亚第3集团军纵深达60公里。

经过一昼夜激战，两个方面军重创了敌军，一切按计划进行。20日拂晓，集结于斯大林格勒南部卡尔梅草原的斯大林格勒部队也转入进攻。

在当天晚上，华西列夫斯基向最高统帅汇报了当天的战果。至此，斯大林心里才像一块石头落了地。

No.3　决不离开伏尔加！

苏军在斯大林格勒地区的反攻，使德国将军们大吃一惊。

他们感到这是一个不祥的预兆！

11月19日22时，德B集团军群司令冯·魏克斯男爵才发出命令：

"鉴于罗马尼亚第3集团军正面出现的局势，迫使我们采取坚决的措施，以便迅速腾出兵力来掩护第6集团军的翼侧，并保证利哈亚（卡缅斯克－沙赫京斯基以南）、奇尔河地段铁路沿线的安全（集团军靠它进行补给）。为此，我命令：

1.　立即停止在斯大林格勒的一切进攻作战，各侦察分队的行动除外。这些分队的情报对于组织防御是必不可少的。

2.　第6集团军立即从所属编成中抽出2个摩托化兵团、1个步兵师，并尽可能再抽出1个辅助摩托化兵团，将这些部队归属坦克第14军司令部；此外，还要抽出尽可能多的反坦克

▼德军装甲部队是保卢斯名副其实的"急先锋"。

武器，并将这些集团梯次集结在你部左翼，以便向西北或向西实施突击。

保卢斯接到了冯·魏克斯的命令，但直到第2天中午，仍没察觉即将到来的这场灾难会有多大。

保卢斯没有来得及撤销他11月20日下达的进攻命令。德军还在进攻！

11月20日下午，保卢斯才在司令部会议上第一次谈到局势的危险性。他警告说，可能会出现危机局面。他仍沉得住气。但德国的将军们却陷入一片混乱中，在通信联络中断，对他们来说一切都是生疏的形势下，简直晕头转向。

直到当天黄昏，保卢斯才接到关于罗马尼亚军队和德军预备队被全歼的通报。保卢斯转移了指挥所。

保卢斯在尝到苏军打击的威力之后，已开始意识到这场灾难的严重程度，但在遥远的德国大本营里，希特勒还陶醉在他不可战胜的梦幻中。

11月20日，希特勒下达命令，成立了一个新的"顿河集团军群"，由曼施坦因担任总司令，负责协调对斯大林格勒两侧地区德军的指挥。

保卢斯开始慌张了。苏军还未完成合围，而保卢斯在11月22日18时就向B集团军群司令部发电：

集团军已被合围……燃料储备即将耗尽，坦克和重型武器将无法开动，弹药已发生危机。食粮只能维持6天。

保卢斯在叙述第6集团军所处的困境的同时，请求在决定是否留在斯大林格勒的问题上，给予自主权。

希特勒对保卢斯的这一个企图立即做出反应。他回答说："第6集团军就地占领环形防御，等待从外面进行解围。"

11月23日，苏军对德军斯大林格勒集团的合围已经形成。当日18时45分，德军B集团军群司令魏克斯上将给希特勒发电："如果第6集团军能在西南方向突围，将对整个局势产生有利影响。"

看到魏克斯的电报，希特勒极为恼火，他不能容忍他的高级将领在这时候有撤退的想法。他立即下达了一个命令：

"兹令陆军元帅曼施坦因立即接管有待新建的包括斯大林格勒地区在内的顿河集团军群。"

▶ 爱说大话的帝国元帅
戈林，最终没能给被围
的保卢斯带来转机。

就这样，魏克斯被免职了。

在德军的将领中，最坚持从斯大林格勒撤军的要数蔡茨勒了。为了说服希特勒，他不厌其烦地去向希特勒建议，甚至好几次与希特勒争吵了起来。但是，希特勒每次总能找出他的理由反对撤军。

11月24日，蔡茨勒又一次来到希特勒的住处，阐述必须撤军的主张。他说：

"元首，请您批准第6集团军突围，西进与德军主力会合……"

"局势不会像你所想像的那样发展"，希特勒打断了他的话，眼睛闪耀着光芒，嗓门也提高了，他想用自己的热情来激励蔡茨勒，似乎希望他赞成自己这个计划，"由于从高加索调来的装甲师发起攻击以及使用新的'虎'式重型坦克，局势将发生根本改变。这是一种新理论，而且是颇为典型的一种理论。第一批'虎'式坦克刚出厂，我要把第一批这种重型坦克编成一营投入战斗，这个营即能突破苏军的包围。"

蔡茨勒不以为然，固执已见地说："'虎'式坦克的样品性能良好，我们指望这种坦克起很大作用，这是千真万确的。但是我们还不清楚这种坦克是否适应苏联冬天的寒冷条件，而且它们还没有受过战火的考验。到目前为止，所有的新武器在第一次用于实战时都会出现一些预想不到的缺陷，而要消除这些缺陷，总是要费很多功夫，因此我们不能设想，'虎'式坦克从一开始就会百分之百地完美无缺。此外，数量上也还不够。孤零零的一个营可以突破苏军防线和第6集团军建立联系，但是它绝不可能打开一条通道。而且，我们要记住，当新坦克投入战斗时，我军主力离开斯大林格勒守军会比今天远得多，即使能够马上用新坦克发动进攻也由于要通过的距离过大，使这一行动会更加困难，效果如何，也更值得怀疑。由于拟议中的援救第6集团军的行动没有取得成功的可能，您必须命令该集团军边战边撤。这道命令必须立刻下达，因为最后时刻已经来到。"

他发言时，希特勒越来越怒不可遏，他常常想打断对方的话，但都没有成功。最后，蔡茨勒的话说完时，希特勒咆哮道：

"第6集团军不能撤。该集团军是堡垒守备部队，堡垒守备部队的任务就是要经得起围困。如果必要，他们要坚守整个冬天。到春季再发动攻势把他们救出来。"

蔡茨勒毫不退让，说道："斯大林格勒不是堡垒，而且没有办法对第6集团军进行补给。"

希特勒的火气更大了，嗓门也比任何时候都大，他叫嚷说：

"戈林元帅说过，他可以通过空运把补给物资运给第6集团军。"

"那是废话。"

"我决不离开伏尔加！"

▼ 斯大林格勒保卫战期间，一名苏军士兵被德军子弹击中的瞬间。

"我的元首！把第6集团军抛弃在斯大林格勒，这是犯罪行为，意味着25万人死亡或当俘虏。想把他们救出来是不可能的。损失一个大集团军就等于打断了我们东线的脊梁骨。"

希特勒脸色苍白，但是一句话也不说。他冷冰冰地瞧了蔡茨勒一眼，然后按办公桌上的铃，当勤务军官来到时，他说：

"把凯特尔陆军元帅和约德尔将军叫来。"

很快，凯特尔和约德尔到了，都郑重其事地行了军礼。希特勒仍然站着，表情严峻。他脸色仍很苍白，但外表显得很镇静。他说：

"我必须作出一个重大的决定。但是，我想先听听你们的意见。我应不应该撤出斯大林格勒？你们有什么看法？"

凯特尔立正站着，眼光明亮。他说：

"我的元首！不要离开伏尔加。"

约德尔显得文质彬彬。他字斟句酌地说：

"我的元首！现在您要做出的决定的确是一个重大的决定。如果我们从伏尔加河撤退，那就等于放弃我们在夏季攻势中付出了巨大代价才得到的大部分成果。但另一方面，如果我们不撤退第6集团军，该集团军的处境会越来越严重。拟议中的解救该集团军的作战行动可能成功，也可能失败。在我们看到这些作战行动的结果之前，我的意见是坚守伏尔加河。"

希特勒转向蔡茨勒说："你的意见呢？"

蔡茨勒极其正式地立正说道：

"我的元首！我的意见没有变。让第6集团军留在原地将是犯罪行为。我们既不能解救该集团军，也无法使他们得到补给。如果这样做，无非是牺牲这个集团军就是了，而且是无谓的牺牲。"

希特勒尽管已是怒气冲冲，但表面上保持着镇静。

"将军，你注意到这不光是我一个人的想法。这两位军官也同意我的意见，而他们都是你的上级。因此我坚持我已做出的决定。"

第二天，蔡茨勒又去找希特勒。他说："元首，在仔细地研究了事实之后，不可回避的结论是：不可能通过空运使第6集团军获得补给物资。"

希特勒的态度变得冷冰冰的，说道："帝国元帅戈林向我保证说这是可能的。"

蔡茨勒再次说明这是不可能的。于是希特勒说：

"好吧，他会亲自同你讲的。"

希特勒把德国空军总司令戈林找来，并问道：

"戈林，您能通过空运使第6集团军不断得到补给物资吗？"

戈林举起右臂，郑重而自信地说：

"我的元首！我向你保证，德国空军能使第6集团军不断得到补给物资。"

希特勒得意洋洋地瞧着蔡茨勒，但蔡茨勒仍然坚持说：

"德国空军肯定办不到。"

戈林有点沉不住气了，但又不便发作，沉着脸说道：

"你没有资格在这个问题上发表意见。"

蔡茨勒朝着希特勒问道：

"我的元首！我能向帝国元帅提个问题吗？"

"可以。"

蔡茨勒说："帝国元帅先生，您知道每天需要空运多少吨东西吗？"

这个问题显然使戈林感到难堪，于是他皱着眉头说：

"我不知道，但是我的参谋军官知道。"

蔡茨勒终于识破了对方的谎言，慢条斯理地说：

"把第6集团军现有的储存物资算在内，假设只提供绝对必要的最低限额的物资，同时还假设采取了一切可能的紧急措施，第6集团军每天需要300吨的物资。去年冬天我在前线已亲自了解到，并非每天都适宜飞行因此这就意味着如果要保证使他们平均每日都能得到不能再减少的最低限额的物资，每个飞行日必须向第6集团军运送500吨左右的东西。"

戈林问答说："我能办到。"

这时蔡茨勒发火了，大声说道：

"我的元首！这是撒谎。"

突然一阵沉默，气氛十分紧张。戈林的脸都气白了，困惑而又有些惊异地瞪着蔡茨勒。最后希特勒说：

"帝国元帅已向我作了汇报。我只能相信他的报告，坚持我原来的决定。"

蔡茨勒说："我想再提一个要求。"

希特勒说："什么要求？"

"我能不能每天向您提交一份报告，列举前24小时内向第6集团军空运补给物资的确切吨数？"

戈林不同意，说这事与蔡茨勒无关。但希特勒否决了他的意见，于是蔡茨勒获准每天向他提交一份报告。

▲ 被俘的德军军官们。

CHAPTER EIGHT

第八章

强弩之末

　　皮克尔特将军一走进指挥部就告诉曼施坦因元帅："总司令官阁下，实不相瞒，斯大林格勒包围圈中的情况，比您想像到的还要糟糕。"

No.1　曼施坦因的顾虑

1942 年 11 月 21 日，曼施坦因在中央集团军群的费特布斯克地区，接到了陆军总部关于组建顿河集团军群的正式命令，命令的内容大致如下：

第 11 集团军司令官曼施坦因元帅：

为了使正在斯大林格勒西方和南方从事激烈防御战斗的各集团军能有比较严密的协调，从即日起，陆军总司令特命第 11 集团军司令部升格为顿河集团军群总司令部，曼施坦因元帅领顿河集团军群总司令之职，并指挥德军第 4 装甲集团军、第 6 集团军和罗马尼亚第 3 集团军。原 B 集团军群芬克上校领导的后勤机关负责对顿河集团军群除空运之外的补给。顿河集团军群的当前任务，就是使苏军的攻势停顿，并夺回原已失去的阵地。

德国陆军总司令阿道夫·希特勒

1942 年 11 月 21 日

曼施坦因元帅在德军中享有传奇般的声誉。早年他为征服法国制订的曼施坦因计划使他一举成名，而在东线战场上，他又成了实施包围战的专家。1942 年初夏攻占克里木的战功，使他获得了元帅军衔，同样也得到希特勒格外的尊重。

在众多德军军官中，没有几人像曼施坦因那样受到上下一致的称赞。战争初期，希特勒把一批不听话的指挥官清洗掉了，留在他身边的将领有的拜倒在独裁者人格的迷惑力下，有的则溜须拍马，迎合元首说话。而那些战地指挥官，则习惯通过电话加强与元首的联系。曼施坦因从不这样做。他平时沉默寡言，不爱冲动；在元首面前，也不会慑于其淫威不敢亮出自己的观点。相反，希特勒对他却是热情有加，每次在腊斯登堡召见时，总是十分礼貌地握手致意，对他的意见也格外重视。而每当战局紧张时，曼施坦因也总是被考虑为解决难题的首要人选。

当斯大林格勒出现危机时，希特勒十分自然地想到了曼施坦因。

曼施坦因对于出任顿河集团军群总司令，也是有所顾虑的。他对希特勒所谓的军事才能，是十分了解的。对这位喜怒无常的元首，从一个职业军人的角度评价是：确实不能像希特勒的政敌所说的，小看了这个第一次世界大战中的"小班长"，希特勒对作战问题通常是别具慧眼的。他具有惊人的记忆力和想象力，对一切现代技术和军备能迅速地了解。他对敌人的最新兵器十分熟悉，对于敌我双方的战时生产数字，能够整套地背诵出来。每逢与人谈到他不喜欢的问题时，他就会把这一套法宝请出来当作抵制对方的工具。在他滔滔不绝的背诵下，即使是一个专业的地区性军事指挥官也会无言以对，只好屈服于他的意志。

但由于希特勒过分地自信于他对现代武器装备的了解，所以经常自以为是地干涉德国武器装备的发展，如对原子武器和火箭推进的发展都受到了他的干涉。希特勒对于德国技术资源的重要性估计过高，甚至在某种需要大量部队方能有成功希望的事，他却相信少数的突击炮和新式的"虎"型坦克即足以应付。换言之，他缺少的就是以经验为基础的军事能力，这是他的"直觉"所不能代替的。

希特勒这颗活跃的心对于一切足以勾起其幻想的目标，都无一不感兴趣。这样同时追求几个目标而且这几个目标在战场上又相距甚远，就使德军的实力逐渐消耗殆尽了。

希特勒对于新成立的顿河集团军群的战争指导也是如此。他从集团军和下属集团军的报告中，对于前线上的情况是有清楚的了解的。此外他还经常召见刚从前线回来的军官，所以他不仅明白德军前线部队取得的成就，而且也知道这些一线部队的难处。也许是这个原因，使得希特勒从不接受曼施坦因的劝说，去接近最前线。

曼施坦因曾经几次努力想使希特勒到前线来亲眼看一看，但这些努力都白费了。即使是请希特勒来集团军总部，都已经是相当勉强了，哪怕是再向前走一步，到集团军和军一级单位，也是不可能的。他可能是害怕在前线上的所见所闻，会打破了他的黄粱美梦。

▼ 德军士兵在斯大林格勒的废墟中搜索抵抗的苏军。

▲ 坚守斯大林格勒的苏军拖着迫击炮转移阵地。

曼施坦因隐约觉得，希特勒尽管逢人必说他过去所具有的前线军人的身份，但他的心灵不是属于战斗部队的。部队的损失对他而言，只不过是数字的增减而已，他从来不曾把他们当作人来看待。

不过有一点，希特勒的观念却完全像一个军人的，那就是对战功的奖励。他的目标就是使勇士得到荣誉，他是不会吝惜区区几枚勋章的。

希特勒不大信任专业军人的一个特征，就是不能容忍一个有真知灼见的参谋总长，一个货真价实的参谋总长总会弥补希特勒在军事领域中所缺少的经验和训练。按照希特勒的想法，只要他接受一个参谋总长的意见，就是屈服于别人的意志之下。

希特勒的心目中，只想做另一个拿破仑，只能容许奴才在他的下面，驯服地执行他个人的意志；不幸的是，他却缺乏拿破仑的军事经验和军事天才。凯特尔的三军统帅部中的作战处，实际上只是一个军事秘书处，它的唯一工作就是把希特勒的概念与指示，用军事性的术语改写成正式命令而已。

希特勒还喜欢用个别的手谕，越过集团军这一级直接指挥下属部队。德国军事领导体系中，经常强调一个特点，就是希望各级指挥官都能发挥主动精神，并敢于负责。高级指挥部的训令和中下级指挥部的命令，对于下级单位都是只以指定任务为限度，至于如何去执行这一任务，那是下级指挥官本身的事情，上级不应加以干涉。德军在战争初期之所以能取得一些胜利，这种处理命令的制度要算是一个主要的原因。如果上级的命令非常地详细，把所有下级指挥官的行动都加以限制了，那么下一级指挥官的能动性和创造力也就无从谈起了。除了万不得已，德军总是以尽量不侵越下级单位的权限为原则。

希特勒在战争的后期，改变了这一被认为是德国优良的军事传统和原则。他逐渐养成了一个习惯，用手令去干涉集团军和更下一级的单位。

当时不止曼施坦因一人这样看希特勒，陆军中的其他高级将领也有同感。曼施坦因在转移顿河集团军群司令部的途中，曾经与德军中央集团军群司令克鲁格元帅在一个火车站相遇。克鲁格预先警告曼施坦因说，在中央集团军群方面，任何兵力超过一个营的行动，都要与希特勒事先商量一下。长时间之后，甚至一个集团军如果没有统帅部的命令都无法行动。这不禁使曼施坦因回忆起第11集团军在克里米亚时的情况。那时曼施坦因指挥的第11集团军是有充分的自由的，故而才能取得胜利。

有许多记录中，记载希特勒对部下的态度是很粗暴的，有时口吐白沫，甚至有时还会咬地毯。实际上，希特勒有时会丧失自制力，不过在曼施坦因在场时，从未看到他的元首有如此的陋习。曼施坦因所看到过最坏的一次，就是希特勒与参谋总长哈尔德在大本营作战指挥室的争吵。但希特勒对曼施坦因，却始终保持着相当的礼貌，即使有冲突，也不曾红过脸。

在曼施坦因所认识的人中，没有一个人能与希特勒一样有持久的耐力。希特勒与一个前线指挥官的争论，最大限度也就是几个钟头，但与参谋总长却一争论就是几天。希特勒善于把战争与政治和经济联系起来，这些理由是前线指挥官所不能反驳的。

曼施坦因至少有3次机会进谏希特勒，劝说希特勒在最高统帅部中接受某种改革。在曼施坦因之前，还没有第2个人敢于像他那样直率，当面批评希特勒的军事领导。曼施坦因完全知道，希特勒肯定不会公开放弃最高指挥权，所以他也只能劝说希特勒在名义上保留着最高统帅的地位，而实际上把军事行动的指挥权交给一位负责的参谋总长去执行。而对于东线战场，应另外特任一位总司令。

希特勒知道，当时在陆军将领中，许多人都希望曼施坦因能出任真正有实权的参谋总长，或者是东线总司令，所以曼施坦因对希特勒提出这些意见的时候，处境是很窘迫的，大有为自己争名夺利的嫌疑，为日后希特勒撤换曼施坦因集团军总司令之职，埋下了伏笔。

对于军界抵抗组织所策划的暗杀希特勒的政变，曼施坦因是不赞成的。他认为站在负责指挥一个集团军总司令的地位上来看，在战时是无权发动政变的。因为这样可能会使整个前线崩溃，国内也会发生动乱。此外也还有军人宣誓效忠的问题。

在那个时候，曼施坦因早已明白，即便发动了政变，也于事无补。

还有，就是曼施坦因军人的自尊心在作怪。当曼施坦因握有兵权的时候，他觉得还没到把发动政变作为唯一出路的时候。

在接受战犯审判时，曼施坦因说："任何高级军事指挥官经年累月都在希望他的部下为胜利而捐躯，那么当然不会用他自己的手来造成失败。"

尽管曼施坦因对重任在肩顾虑重重，但他接到命令后并不敢怠慢，带上在第11集团军的老作战处长布西上校一路风尘赶赴前线。在路上险遭不测：苏联红军游击队埋设的一颗地雷，在他们所乘坐的火车下面爆炸。所幸的是，这列装甲列车的钢甲甚厚，没有造成人员伤亡，只是虚惊一场。

◀ 一名苏联士兵正用火焰喷射器向躲在墙后的德军猛烈射击。

他们又打算换乘飞机去，但因为天气不好，飞机不能飞行。他们只好等修好铁路之后坐火车来到顿河集团军群司令部费特布斯克。直到 11 月 24 日，这一天恰好是曼施坦因的 55 岁生日，曼施坦因率领东拼西凑的顿河集团军群司令部参谋人员，才到达了原德军 B 集团军群的司令部——他将代其行使对这个战区的指挥权。

当日，曼施坦因率领司令部到达了设在斯塔罗比尔斯克的德军 B 集团军群总部。B 集团军群总司令魏克斯上将和参谋长热情接待了曼施坦因一行，并向他们详细介绍了当前的情况。

原来在 5 天之前，也就是在 11 月 19 日，经过一阵巨炮掩护射击之后，苏联红军攻击了德军第 6 集团军所属第 11 军的左翼，同时苏军还对霍特上将率领的德军第 4 装甲集团军发动了一次强烈的攻击。德军第 6 集团军两面的罗马尼亚军队都为苏军所击溃。强大的苏军坦克部队从罗马尼亚军队防御阵地突破口涌入，11 月 21 日清晨，已经在第 6 集团军后方的卡拉赫会师。

到目前为止，苏军已经切断了对德军第 6 集团军补给起决定性作用的顿河上的桥梁。从 11 月 21 日上午起，德军第 6 集团军已处在被苏联红军合围的状态。同时，霍特上将的第 4 装甲集团军中的一部分德军和罗马尼亚军队，也从南面被挤入对第 6 集团军的包围圈中。

在斯大林格勒被包围的德军中，包括 5 个德国军共 22 个师，2 个罗马尼亚军，还有大量的陆军炮兵和工兵。甚至以后在集团军总部中，都无法知道被围德军的确切总数。第 6 集团军自己报告说有 20 ～ 27 万人之间——这是要求发给口粮的人数。考虑到其中还有部分罗马尼亚人员和本地的志愿人员、战俘在内，曼施坦因判断包围圈中的德军不会超过 22 万人。

被围的德军第 6 集团军包括第 4、第 8、第 11 和第 51 等 4 个军和第 14 装甲军。第 48 装甲军在苏军合围点附近的顿河桥头阵地充任预备队。在苏军合围时，曾经发动了一次反攻，但并没有成功。其 2 个师也都被包围，正奉命向西突围。军长赫曼将军已被希特勒撤职查办。经过戈林主持的军法审判，被判处了死刑。

判处赫曼将军死刑，引起了陆军将领的反对。后来又经过了法庭调查，赫曼将军被赦免，原因是他当时的兵力太弱，根本不足以执行阻挡苏军合围的任务。他这个军内所管辖的 2 个罗马尼亚装甲师，根本没有战斗经验；仅有的一个德军第 22 装甲师，装备也达不到技术要求。

按照 B 集团军群司令部的判断，被围困在斯大林格勒的德军第 6 集团军，最多只有 2 天的弹药和 6 天的口粮，空运的数量只能满足该集团军弹药和燃料要求的 1/10——德国空军已经许诺用 100 架"容克"式飞机执行空运，每天约有 200 吨数量的补给送入包围圈。

22 日中午，在德第 6 集团军举行的会议上，有人建议向西南方向突围。

"不行"。参谋长施密持说，"燃料不够，如强行突围，结果必然是拿破仑遭遇的浩劫。""我们不得不打′刺猬′防御战。"

下午，由于情况严重恶化，施密特对自己的论点开始产生怀疑。就在此时，保卢斯收到了新的命令：就地坚持、待命。

保卢斯转身对参谋长说："现在我们有时间去考虑怎么办了，你们分头考虑吧。1 小时后再来见我，看两人的结论是否相同。"结论是一模一样的：朝西南方向突围。

No.2 重返"狼穴"

此时，希特勒正在返回"狼穴"途中。撤退，这是他无法考虑的。当晚，他以私人的名义致电保卢斯："第 6 集团军必须明白，本人正在尽力援助你，等待解围。我将迅速发布命令。"

保卢斯接到希特勒的电报后，脑子里乱纷纷转着许多念头。苏军开始动手了，对这一招他早有预料。当元首决定部队在斯大林格勒组织环形防御时，他就明白将有一场血战、恶战。幸亏部队情绪稳定，他们相信元首一定会来救他们。

德国第 6 集团军几十万人占据着 1,500 平方公里的地盘，东西长不过 70 至 80 公里，南北宽约 30 至 40 公里。内有大量构筑完好的工事，明碉暗堡形成密集的火力网。阵地前沿还有阻挡坦克的桩塞、障碍物及大片的雷区。

保卢斯看看地图，一丝自信的微笑浮上了他的嘴角。他转身对施密特说："命令各部队坚守阵地，惊慌失措者按军法处置。"

斯大林以万分欣喜的心情注视着苏联 3 个方面军南北夹击、在卡拉奇胜利会师，将德国第 6 集团军合围起来。从 19 日反攻至今，短短 5 个昼夜。战场上的变化，都是按照苏方大本营的设想进行的。如此大规模的战役，进程竟与计划完全一致，这不能不说是军事史上的奇迹。

23 日，当合围成功的消息传来，大本营里充满欢乐，人人脸上堆满笑容。

这也是斯大林渴盼已久的。斯大林发现这次胜利进攻，已影响了全国战局。它不仅消除了斯大林格勒方面军和顿河方面军防区的缺口，崔可夫集团军已转危为安，而且减轻了全国其他战线苏军的压力。更重要的是人们心头那种焦虑不安、被包围的感觉消失了。相反，现在轮到德国人品尝被包围的滋味了，眼下一定要乘胜追击、扩大战果。

正在西南方面军指挥作战的华西列夫斯基，一方面为苏军进攻顺利而踌躇满志，同时也在策划着下一步的作战方案。

23 日晚上，他在听取了 3 个方面军司令员的意见后，通过电话向最高统率部汇报：

"德国人在斯大林格勒的防线已经溃散了，但希特勒一旦清醒过来，必定派重兵不惜一切代价救援被围敌军。我们建议早打、快打、打速决战，赶在敌人援兵到来前消灭被围德军。"

电话另一端的斯大林赞同华西列夫斯基的判断，提醒道：

我们已经胜利在望，但还没有取得最后胜利。告诉参战全体官兵，再加一把劲，胜利结束会战。眼下，你和费奥多罗夫（即瓦图京），伊万诺夫（即叶廖缅科）和顿佐夫（即罗科索夫斯基）要保持冷静头脑，在围歼保卢斯时，要防止德军派兵救援，还要利用有利形势扩大战果，组织沃罗涅日方面军和西南方面军在顿河中游发动一次进攻，不让德军有喘息时机。

两人在电话中经过长时间讨论，终于定下了下一步作战计划。

苏军的作战计划兵分两路，一路主要由斯大林格勒方面军和顿河方面军承担，围歼被围德军，兵力安排是：顿河方面军第 24、65、66 集团军从北面突击；斯大林格勒方面军第 62、54、57 集团军从东面和南面突击；西南方面军第 21 集团军由西向东挺进；三路人马以德军第

▼ 苏军顿河方面军司令员罗科索夫斯基在前线指挥作战。

6集团军指挥部所在地占姆拉克为中心，实施向心突击。将保卢斯军队分割、围歼。

这次战役代号为"指环"。为了保障战役实施，在合围对外正面上，布置西南方面军近卫第1集团军、坦克第5集团军在克里瓦亚和乔尔河沿岸设防，从西南方向堵住德军退路；斯大林格勒方面军近卫骑兵第4军和第51集团军防守在南面格罗莫斯拉夫卡—阿克萨伊—乌曼采沃一线。

另一路筹备"土星"作战，由西南方面军和沃罗涅日方面军从南面和西面向意大利第8集团军和德国"霍利特"部队发起进攻，尔后向罗斯托夫进军。这次战役预计紧接着"指环"作战之后在12月中旬展开。

24日午夜，华西列夫斯基向西南方面军、顿河方面军、斯大林格勒方面军发出了进行"指环"作战的动员令。几个小时后，在被围德军的四面八方升起了进攻的红色信号弹，顿时，在顿河和斯大林格勒南郊炮声隆隆，杀声四起。斯大林格勒会战掀开了它最为辉煌的一页。

各方面军所属部队开始按照既定部署向合围圈内的敌军发起攻势。然而，这次攻势未达到预期目的，相反在各个方向都遭到了强大敌军集群的反冲击。

原来，根据最新的敌情分析，苏军前线总指挥机关才知道，他们从行进间消灭被合围敌军的计划所依据的对敌兵力的估计出现了严重差错：当初，他们认为敌保卢斯指挥的集群只有8.5～9万人，可是实际这时却有30万人。所差之多，实在令人为之咋舌。所以造成如此严重的误差，是因为他们没有把敌第6集团军和坦克第4集团军在进攻和防御中补充得到的兵力算进去，也未估计到合围圈内大量的特种部队和其他辅助部队，这些部队的官兵多数补进了作战部队。

No.3 陷入包围圈

11月26日，经过长途跋涉，曼施坦因的顿河集团军群司令部终于到达了设在新齐尔卡斯克的新总部。在这个地区周围，已经不再有能调用的德军部队担任集团军群司令部的警卫工作，曼施坦因只好命令征用当地的一营哥萨克志愿部队。这些哥萨克兵，是苏联红军中的败类。他们对苏联的布尔什维克制度有着刻骨的仇恨，乐于为德国人所用。他们甚至恬不知耻地认为，能为德军一个集团军群司令部站岗是他们的荣誉。

在新齐尔卡斯克安营扎寨的第2天夜间，通讯兵就把多如蛛丝的通信网架设完毕。顿河集团军群司令部的主要通信网已经能开始工作了。

就在曼施坦因到达集团军群司令部新址的这一天,斯大林格勒包围圈内的德军第6集团军司令保卢斯将军,派了一位军官乘飞机从包围中飞出来,带了一封信给他的新上级曼施坦因元帅。

在这封冗长的信中,保卢斯详细介绍了包围圈内德军的兵力部署情况,描述了德军由于供给不继,士兵们无衣无食的惨状。最后他强调说,他要求应有在紧急情况中行动的自由,因为向西南部立即实行突围的机会也许随时都可能发生。

为了了解包围圈中德军的补给情况,曼施坦因又命传令兵叫来另一个名叫皮克尔特的空军将军。他专门负责从空中对第6集团军补给,也是刚刚从包围圈中飞出来。

皮克尔特将军眼窝深陷,满脸倦容。一走进曼施坦因指挥部就告诉曼施坦因元帅:

"总司令官阁下,实不相瞒。斯大林格勒包围圈中的情况,比您想像到的还要糟糕。保卢斯将军的第6集团军的口粮已经无多,即使是不按足额配发时,也只可维持12天左右。请考虑一下天气越来越冷的因素,士兵们吃不饱饭会是什么样子。"皮克尔特将军的声音有些哽咽。

▼ 德军正在斯大林格勒的雪地上费力前行。

曼施坦因脸色越发显得阴沉。隔了一会儿，皮克尔特缓过劲来，又接着说："另外，包围圈中的德军部队，弹药的储存量只有正常的 20%，在一天的激烈战斗中就可能用完。燃料也只能供小型部队调动之用，而不能集中用于坦克的突围之用。"

这确实出乎曼施坦因的预料，戈林不是在元首面前保证，德国空军能充足地保证被围部队所需吗？

基于这种情况，曼施坦因决定立即接应第 6 集团军突围，不再等候救援部队完全到齐。为了说服保卢斯，曼施坦因决定自己亲自飞入包围圈中，与保卢斯讨论突围的问题。

顿河集团军群的参谋长夏尔兹将军和作战处长布西上校都了解此刻司令官焦急的心情，但又都不同意曼施坦因亲自出马。这样做固然便于说服保卢斯，但身为集团军总司令身陷险地，总是不妥；况且整个集团军也不能离开总司令那么长的一段时间。照当时的天气看来，曼施坦因如果飞入斯大林格勒包围圈中去，可能要在包围圈中停留两三天之久。

参谋长和作战处长的理由说服了曼施坦因，于是曼施坦因不再坚持自己亲自去，只委派了他的参谋长夏尔兹将军，后来又派作战处长布西上校，带着集团军刚刚制订好的解围计划，飞进包围圈中去见保卢斯。这个突围计划还须得到第 6 集团军的通力配合，尤其是具体时间、地点的选定，保卢斯的意见有着举足轻重的意义。

两人飞进包围圈中，会见了保卢斯将军。保卢斯谈了自己的看法。他说，在以下两种情况下，被围困的第 6 集团军必须突围，其一是苏军多处突破，德军防御团不能再支撑；其二是被围部队的实力已经逐渐被消耗殆尽，无法再坚持下去。现在看来还没有到那种非突围不可的两种境地。

两人毫无所获，回到了集团军总部。曼施坦因听了两人的汇报之后，大叫保卢斯糊涂！如果真是在上述两种情况下突围，就太被动了，那简直无异于自杀！到了他所设定的两种情况之下，德军恐怕根本就没有力量再突围了，等待保卢斯的结果都只能是一个，那就是被苏军歼灭！

11 月 28 日，作战处长向曼施坦因报告，在新成立的顿河集团军群的作战地区内，已经发现了苏军 143 个师和装甲旅的作战单位。看来苏军的胃口不小，想吃掉斯大林格勒包围圈内的几十万德军。

而此时，曼施坦因指挥下的顿河集团军群兵力，从书面的编制表上，有如下单位：

德军第 6 集团军，司令保卢斯将军，已经在斯大林格勒被围，总计有 20 个非常疲惫的德国师和 2 个罗马尼亚师。

德军第 4 装甲集团军，司令官霍特将军，其一部分兵力也被挤进了斯大林格勒的包围圈，只能待重新补充兵力之后，才能使用。

2个罗马尼亚集团军的残部，一部分溃散，一部分被包围，还残留一些军和集团军的建制。

曼施坦因所拥有的最好的兵力是德军第16摩托化师，迄今尚未与苏军正面接触。这个师担任掩护A集团军群的任务，不能移动。另外还有4个完整的罗马尼亚师。

德军第6集团军的地位比较特殊，它名义上是属于顿河集团军群指挥，实际上一直受陆军总部和希特勒的直接控制。希特勒在第6集团军司令部中还设立了一个联络组，用以对第6集团军直接的控制。

因此，在被围初期，第6集团军突围尚有一线机会的时候，希特勒就已经得知突围的意图，于是就明确下令不准突围。由于元首已经明令不许第6集团军突围，第6集团军的直接指挥者—集团军这一级，也就不能再命令其突围。

曼施坦因本来可以不接受对第6集团军这个名义上的指挥权，但考虑到更便于被围部队和援军的合作，所以接受了有名无实的对第6集团军的指挥权。

▼ 在斯大林格勒，苏军与德军进行激烈的巷战，寸土必争。

经过与顿河集团军群作战参谋人员对斯大林格勒双方态势的分析，曼施坦因通过电话将自己的意见告诉了陆军参谋总长：

目前为止，第6集团军仍然有向西南突围的可能，由于弹药和燃料的缺乏，加之补给的困难，该集团军不宜再死守在斯大林格勒。但在目前营救突围的德军部队尚未完全到位的情况下，似不宜即刻突围。突围行动最好等到援军赶到再实施。

根据现行的军队移动速度，发动营救作战的时机似应选在1942年12月初为宜。在救援作战发起之前，对包围圈内的第6集团军充足的空运补给是必不可少的，其数量至少应该比目前多一倍，应达到每天400吨的数量。这400吨还只是对车辆所需燃料和弹药的补给，其中并不包括食品，待食品用完之后，基本最低量应达到550吨。

很快，德国陆军总部给顿河集团军群司令部下达了一个关于营救第6集团军的计划，这个计划的核心就是准备用霍特上将的第4装甲集团军，杀进重围，执行救援的主要任务。第4装甲集团军将得到从德军A集团军群调来的第57装甲军（下辖第6、第23两个装甲师）和第15空军野战师的补充。这些兵力预定在12月3日到达。

另外霍特在罗马尼亚第3集团军地区中，成立了一个新的救援兵团，叫做何立德兵团，下辖第62、第294、第336等3个步兵师，主力为德军第8装甲军，军长克罗贝尔斯多夫将军，下辖第11、第22两个装甲师；另外还有德军第3山地师、第7、第8空军野战师，这个兵团于12月5日完成准备工作。

这样，营救被围困德军所用的兵力总额为4个装甲师、4个步兵师、1个山地师和3个空军野战师。

但是，曼施坦因认为，这一计划救援第6集团军，未必能奏效。他又给希特勒本人送去了一个报告，指出包围第6集团军的苏军单位有143个之多，并详细说明了第6集团军因缺乏油料和弹药而失去其机动性的可怕后果。

曼施坦因主张，不必等全体援军的到达，第4装甲集团军应先采取行动，只要能在苏军的包围圈中切开一条走廊来补充第6集团军的燃料与弹药，以恢复第6集团军的机动性，便可里应外合，冲出包围圈。

曼施坦因在报告中特别提醒元首希特勒，当苏联红军沿着几百公里的正面上充分享有行动自由的时候，而德军只把兵力钉死在一个极其狭小的地区，这是非常不可取的，应该赋予第6集团军的行动自由，而不必令其死守斯大林格勒。

　　希特勒对曼施坦因的这个报告迟迟不作答复，而陆军总部答应给的援军又迟迟不到，预定加入第 57 装甲军的第 15 空军野战师，至今没有编成，指定由 A 集团军群提供的炮兵，除了一个炮兵团以外，其余毫无消息。拨给何立德集团军的 7 个师中，2 个步兵师早已经用在罗马尼亚第 3 集团军的防线上，如果把这 2 个师放出，罗马尼亚第 1 军和第 2 军的防御正面马上就有崩溃的危险。

　　更使曼施坦因气恼的是，原本预定拨给顿河集团军群的德军第 3 山地师，一下火车，其中的一半就被陆军总部交给 A 集团军群使用，另一半留在了中央集团军群。实际上，在陆军总部计划中的 2 支援军，只有第 57 装甲军（辖 2 个装甲师）和第 48 装甲军（1 个装甲师和 1 个步兵师）能用。

　　时间不等人。12 月 1 日，曼施坦因于顿河集团军群司令部下达了代号为"冬季风暴"的作战命令，决定在 12 月 8 日以后，开始救援行动。

▼ 斯大林格勒市内一处矗立的列宁雕像。

从 11 月 24 日至 30 日，苏军的进攻十分缓慢。

战斗异常激烈。依仗着有利地形的德军拼死阻挡着苏军如潮的攻势。或许是预感到无路可退，德军即使被包围了也决不弃阵而退。阵地前一拨拨的苏军倒了下来。

从耶尔佐夫卡往奥尔洛夫卡突击的苏军第 66 集团军，原本打算与第 62 集团军会师，但受到德军坦克第 16 师、24 师顽强阻击，未能达到预期目的。

斯大林格勒方面军进展也不大。顿河方面军第 65 集团军稍好一些，他们从韦尔佳奇、佩斯科尔特卡发起进攻，遇到德军殊死抵抗。德军在韦尔佳奇一带构筑了强大的工程防御体系，但在苏军炮火的轰炸下，土崩瓦解了。

保卢斯集团军久攻不下，使华西列夫斯基火上心头。德军的疯狂抵抗，大大出乎苏军大本营的预料。苏军越向内挤压，德军反抗越激烈。德国人现在龟缩在一块狭小的地带上，如同摊开的手掌握成了拳头，切不开、割不断，出现了本不希望出现的长时间对峙的局面。冷不防地，保卢斯还反突击一下，阵地上出现了胶着状态。几天来，敌人防地缩小了一些，但苏军损失很大。吃，一下子吃不了，拖，又没法拖，该如何是好呢？

进退两难的华西列夫斯基埋头于地图上苦思良策。12 月初，经过准备和调整，苏军又对德第 6 集团军组织了一次分割性突击消灭的作战，但仍无显著战果。德军对合围他们的苏军对内正面仍然不断进行远不是没有活力的反冲击。了解到这种局面后，斯大林非常着急。在 12 月 4 日的电报命令中，他批评了华西列夫斯基在最近的第二次突击进攻中的错误。命令如下：

米哈伊洛夫同志：

您的任务是要把伊凡诺夫和顿佐夫的行动联合起来。但是，在您那儿至今却仍是分散力量，而不是联合行动。伊凡诺夫不顾您的命令在 2 日和 3 日发起了进攻，而顿佐夫却没有能力发起进攻。因而敌人就获得了机动的可能。4 日，顿佐夫将发起进攻，这时伊凡诺夫却又没有能力发动进攻了。于是敌人又获得了机动的可能。请你们以后不要再犯这类错误。在发布伊凡诺夫和顿佐夫联合进攻的命令之前，务必检查一下，看他们是否有能力实施这样的进攻。

瓦西里耶夫

1942 年 12 月 4 日 7 时零 6 分

为保密起见，还在战役前，总参谋部便为斯大林和全部参战的苏军高级首长拟定了化名。这里的米哈伊洛夫即华西列夫斯基，伊凡诺夫即斯大林格勒方面军司令叶廖缅科，顿佐夫即顿河方面军司令罗科索夫斯基，瓦西里耶夫即斯大林。

▲1943 年 1 月 10 日，苏军在斯大林格勒附近对德军发起总攻。

第九章

难解重围

　　酝酿半个多月的"冬季风暴"作战终于打响了。连日来笼罩着"狼穴"的沮丧不安情绪一扫而空，大家纷纷赞扬元首英明决断，谈论起斯大林格勒将是第 2 个哈尔科夫，形势很快会发生逆转。直到最后一刻，曼施坦因还在期待着奇迹发生。

No.1 推迟"土星"和"指环"

到 12 月 10 日左右，曼施坦因麾下的德军顿河集团军群已经占领了从维申斯卡亚到马内奇河的正面。在它目前编成的大约 30 个师（不包括在合围圈内第 6 集团军和坦克第 4 集团军）中，有 17 个师横在了苏西南方面军正面；另外 13 个师则与斯大林格勒方面军的突击第 5 集团军和第 51 集团军相对峙。其中仅在苏军第 51 集团军对面就有 10 个师之众的强大德军部队。这样，两军的敌我力量对比是相当悬殊的：德军 7.6 万人，坦克 500 辆，火炮和迫击炮 340 门；苏军只有 3.4 万人，坦克 77 辆，火炮和迫击炮 147 门。由此可见苏军第 51 集团军处境之艰难。

12 月 13 日，苏军最高统帅部大本营终于批准了华西列夫斯基的请求，决定把马利诺夫斯基的近卫第 2 集团军由顿河方面军划归斯大林格勒方面军指挥，并决定暂时放弃原来拟议中的"土星"战役。

原先，经华西列夫斯基等建议，西南方面军和沃罗涅日方面军一部的突击进攻方向是径直向南，直取罗斯托夫地域，目的是扫清合围圈外的德军。后因德军曼施坦因顿河集团军群建立，华西列夫斯基又建议改变该战役计划，用这两支强大的苏军来抗击曼施坦因集群；待西南方面军和沃罗涅日方面军消灭顿河中游的意大利集团军后，挥师东南，向莫罗佐夫斯克和托尔莫辛方向突击，即前出到敌曼施坦因集团军群的后方。

同时，斯大林还命令说，此后华西列夫斯基的任务便是负责解决敌曼施坦因的解围部队，而消灭合围圈内德军保卢斯和霍特集团的任务则由新派来的大本营代表、苏军炮兵主帅沃罗诺夫负责。在工作中，沃罗诺夫应以华西列夫斯基的副手出现。

华西列夫斯基接到最高统帅的电令后，感到很懊悔。他知道，最高统帅所批评的这些全是确实存在的，谁让他没有去亲自检查呢？当然，话说回来，最主要的问题还不在这里，战役失利的主要原因是苏军力量不够，仅靠 2 个方面军的力量还没法消灭被围敌军。现在他盼望着筹备中的"土星"战役早日打响，或许会使保卢斯集团军军心动摇。

"土星"作战在 11 月底已形成初步方案：它是由西南方面军和沃罗涅日方面军进攻在顿河中游防守的意大利第 8 集团军和奇尔河及托尔莫辛一带的德军"霍利特"战役集群，尔后向罗斯托夫发动总攻。为了这次作战，大本营给 2 个方面军增派了大量精锐部队，预计在 12 月 12 日发起攻击。后来战役虽一再延期，但却为击退曼施坦因进攻起了关键作用。

到了 12 月上旬，围歼保卢斯作战依然进展缓慢。华西列夫斯基不得已改变作战计划。决定组建由波波夫中将指挥的第 5 突击集团军，分阶段歼灭被围德军。计划分两个阶段实施。第一阶段由顿河方面军在罗索什卡河、沃罗波诺沃歼灭敌西部和南部集群；第二阶段，顿河和斯大林格勒方面军发起总攻，歼灭斯大林格勒西面和西北面敌军主力。战役预计在 12 月 18

▶ 斯大林格勒方面军司令员叶廖缅科。（左图）

▶ 炮兵元帅沃罗诺夫。（右图）

日开始。

11 日零时 20 分，斯大林批准了经修改的"指环"计划。然而，30 个小时后，"指环"作战被推迟了。曼施坦因指挥的德军霍特集群在科捷列尼科沃发起了进攻。

12 月初，越来越多的迹象表明希特勒打算派兵救援被围德军。苏军情报部门获悉德国人组建了新的集团军群，从该集团军群名称（顿河）上就能洞察希特勒的目的。这时，苏军对保卢斯集团军的进攻又出现僵局。如果该军冲破苏军合围，里外夹击，就会出现很复杂的局面。斯大林不会忽视德军细微的动向。

何况，这一次希特勒是准备大动干戈，指挥顿河集团军群的又是德军中精通兵家韬略的曼施坦因元帅。

斯大林与华西列夫斯基不敢怠慢，他们决定推迟"土星"和"指环"作战，集中力量先击退救援之敌。

曼施坦因会在哪里选择进攻的突破口呢？面对着地图，斯大林和华西列夫斯基一致认为下奇尔斯卡亚一带最为可能，那里距被围的保卢斯集团军只有 40 公里。于是把 15 个师的重兵布置在这一带。而在顿河东南的科捷利尼科沃只设置了 5 个师的兵力。

科捷利尼科沃一带属于斯大林格勒方面军的防区。与一个月前相比，司令员叶廖缅科上将心情要轻松许多。那时，整个方面军朝不保夕，他身上的担子多重啊！现在好了，苏军开始反攻了，他既欣喜又有些窝火。

　　欣喜的是战局出现根本好转，眼看胜利在望了；窝火，就不太好说。如今虽还是方面军司令，但兵马却不如其他2个方面军，他的部队在守卫斯大林格勒时损失惨重，反攻的重任自然就落在友军肩上。自认韬略在胸的叶廖缅科，未免有些失落感。

　　在反攻的最初几日，西南和顿河方面军进展神速、战果辉煌。相比之下，他的部队要逊色一些。这次在阻止曼施坦因突击时，他的部队被安置在顿河东南科捷利尼科沃方向，这大概是前沿最为平静的一段防线了。作为为国尽忠的军人，他当然愿意战斗在最为激烈的战场。

　　然而，在12月初的几天，他发现他的判断错了。在科捷利尼科沃一线，德军部队调动频繁。在视察这一带前沿时，叶廖缅科发现苏军防守力量薄弱。只有3个步兵师、1个骑兵军和一个坦克旅，他的脑子里突然闪过一个念头：如果德军从这里进攻，会发生什么情况呢？立刻他觉得这想法很可笑，这里与被围德军相距120公里，曼施坦因从这里进攻将无法实现他的目标。何况，一旦战役打响，最高统帅部会作出反应，立刻派兵增援。

　　这一想法说服了他。但几天后他又变得不安起来。因为从战场形势分析，下奇尔斯卡亚一带现在已成为注目焦点，德国"霍利特"集群已日益受到越来越强大的苏军牵制。叶廖缅科想，德国人如果再从那一带进攻，就失去了突然性，而如果在科捷利尼科沃进攻，却能收

◀苏军战士身着冬季防寒服向德军阵地冲击。

▶ 德军中的罗马尼亚军队士兵举手投降。

到出其不意的效果。于是他赶紧和华西列夫斯基联系，讲了他的忧虑和不安。

华西列夫斯基权衡半天，却不能轻易抉择："这样吧，你把第51集团军调上去，加强阵地防御力量。"他现在必须冒一点风险，科捷利尼科沃防线垮了还有补救措施，而在下奇尔斯卡亚一带却不能有半点闪失。

叶廖缅科也意识到这一点，他向华西列夫斯基讨救兵只是看到防线的缺陷，他也无法肯定德军真的就在这一带发动猛攻。但他还是要表示一下不满以引起统帅部的重视。如果德军冲破合围，我们还可能输掉伏尔加河畔的这场会战。

其实，在他这么说的时候，他也不会真的认为德军会冲破合围。华西列夫斯基也没有认真对待，只是把它作为一句玩笑而已。

No.2 "冬季风暴"作战

12日凌晨，顿河集团军群总司令曼施坦因元帅向霍特将军下达了进攻命令：

"沿季霍烈沃克－斯大林格勒铁路成一狭窄地段实施突击，一周之内突破苏军合围。"

酝酿半个多月的"冬季风暴"作战终于打响了。

霍特集团军群在一阵猛烈炮火之后，对坚守着科捷利尼科沃－斯大林格勒铁路线的苏步兵第302师、第126师发起进攻。耀武扬威的坦克轰轰震颤着从三面围迫过来，坦克后的士兵一步步向前冲，头上飞机呼啸着，大炮轰鸣着，战火仿佛把时间缩短了。

当夕阳的余晖溅落在战壕上时，那迸射的红光犹如浸漫着苏军战士的鲜血，红得令人心颤。呛人的硝烟在那个冬日似乎凝固了，呈现一种悲壮惨烈的气氛。

那一天，德军突破了苏军前沿阵地，进至阿克赛河南岸。总参谋长华西列夫斯基上将当德军进攻开始后，就穿梭来往于方面军指挥所和各师前沿。事前他和叶廖缅科虽然对德军进攻科捷利尼科沃

▲ 苏军士兵在进攻。

▼ 德军步兵和坦克正在向斯大林格勒推进。

有些预感，但对德军进攻规模和投入兵力之多仍感到吃惊。在这一带主要有苏第51集团军把守，约3.4万人，坦克77辆，火炮147门，而德军兵力和火炮都高出一倍以上，约7.6万人，500辆坦克，340门大炮，空中还拥有大批德机支援。

华西列夫斯基从前沿回来，心情沮丧，显然由于兵力单薄，弹药不足。第51集团军已处在危急之中。经过与叶廖缅科协商，决定设法将方面军预备队派往前线，抽调一个师、一个旅前往增援。

第2天，德军依然保持凶猛的进攻势头，增援的部队如杯水车薪无法阻挡德军进攻。黄昏时分，德军坦克出现在阿克赛河的登陆场，并向上库姆斯基进发。

起初，最高统帅斯大林对科捷利尼科沃的战斗并不在意，他把全部注意力投入到"土星"作战筹备和对保卢斯集团军的围歼。顿河方面军近卫第2集团军已将保卢斯几个疲惫之师围困住了，不出几天就可以消灭它们。所以，当12日午夜，华西列夫斯基向他汇报战况，并提出要迅速调集部队增援时，他不同意把近卫第2集团军抽走："你查一下斯大林格勒方面军还有没有预备队，能否靠自己对付这场危机？"

"方面军已山穷水尽，再不增援，苏军合围圈将被突破。"

显然，斯大林不相信事态已如此严重。直到第2天他才着急起来。14日22时30分，华西列夫斯基接到最高统帅命令，"指环"战役暂缓实施，近卫第2集团军前往增援。

电话中，斯大林担忧地说："近卫第2集团军到达叶廖缅科处尚需4天至5天路程，告诉叶廖缅科，拿出守卫斯大林格勒的劲头，在援兵到来前一定要顶住德军进攻。"

同一时刻，腊斯克登堡，希特勒大本营。

这些天"狼穴"里出现了欢乐情绪。进攻前一晚，希特勒十分担忧曼施坦因兵力不足，原先设想救援行动两路出击，从科捷利尼科沃和奇尔河登陆场同时进攻。不料斯大林在奇尔河一带集结重兵，把"霍利特"集群拖住了。枪未打响，两路突击已成一路独进，使希特勒有一种不祥预感。

数小时后，陆军总参谋长蔡茨勒将军带来了好消息："曼施坦因已顺利抵达阿克赛河，苏军力量已被大大削弱。"

连日来笼罩着"狼穴"的沮丧不安情绪一扫而空，大家纷纷赞扬元首英明决断，谈论起斯大林格勒将是第2个哈尔科夫，形势很快会发生逆转。

蔡茨勒仍然有些悲观，他对希特勒说："曼施坦因的进攻几天后会停顿下来，因为兵力太少了，总共只有13个师，9万多人，一旦苏军援兵到达，仗就难打啦。"

希特勒表示同意，不过他更担心顿河中游意大利集团军的防线，"那里是最危险的，同盟军力量单薄，又缺少纵深防御，不过无论多么困难，我决不放弃斯大林格勒。"

希特勒又开始歇斯底里叫嚣一通。当讨论结束时，希特勒颇有预感地说："现在就看往后的几天了，如果我们从欧洲抽调援兵及时赶到，意大利军队的防线也不出纰漏，"他用手捶着桌子说，"我们就打赢了这场战争。"

从 14 日起，上库姆斯基地域的战斗异常激烈。这里是由南向北通往斯大林格勒的咽喉，也成为双方争夺的焦点。迎战德军的是沃尔斯基将军的机械化第 4 军，战斗持续了 3 天，后被德国历史学家称为"第二次世界大战坦克会战规模最大和最激烈的一次。"

现在我们很难想象当时坦克会战的情景。那一定是炮火连天，整个大地为爆炸的旋风所席卷。地平线上出现了黑压压的坦克，它们翻过山丘，密密麻麻布满了整个草原。坦克在咆哮、在奔驰、在射击、在碰撞、在翻滚。滚滚浓烟遮天蔽日，烈焰腾腾的坦克如一堆堆巨大的篝火，又似一条条吞没一切的火龙，场面十分悲壮和惊心动魄。

16 日，德军占领了上库姆斯基。德坦克第 16 师立即向梅什科瓦河冲击，德军在行进间夺占了沿途桥梁，距被围的保卢斯集团军只剩 48 公里了。

形势到了千钧一发的时刻。

霍特的部队在白雪覆盖的大地上稳步向前推进，积雪下面的大地冻得僵硬，对这支装甲部队来说，一切似乎都很顺利。突破了上库姆斯基后，一路上除了遭到小股苏骑兵部队骚扰外，还未遇上重大威胁。这支钢铁巨流昼夜不停向前驱驰，它的后面尾随着一支由各种车辆组成的行动迟缓的运输车队，车上装着 3,000 吨被围的第 6 集团军急需的物资。一旦霍特装甲车队冲开一条血路，身后的车队就会全速驶入斯大林格勒。到那时，经过输血的第 6 集团军就会发疯似的冲出重围，消失在顿河茫茫的草原上。

此时，曼施坦因脑海里已不止一次出现与第 6 集团军会师的情景。他在战后的回忆录里，把这次救援行动称作是与苏军的生死竞赛。尽管曼施坦因全力以赴地投入了这场生死竞赛中，但是这场竞赛的主动权仍掌握在苏方手中。斯大林这时下了一招高明的棋，使曼施坦因连日来的努力都白白断送了。

战后苏联学者曾长篇宏论探析斯大林这一招棋，连他的敌手德国人也赞扬为这是"致命的一招"，具有"深刻的战略洞察力"。

斯大林在德国霍特集团军长驱直入时，决定动用重兵攻打顿河中游的意大利军队，进而威胁霍特集团军后方。

13 日夜间，斯大林作出一项重要决定，修改了"土星"作战计划，将原突击方向改为东南，设想苏军在击溃了意大利集团军后，将锋芒指向曼施坦因，抄其后路，并全歼之。这次作战，代号"小土星"。

16 日，苏军第 6 集团军和近卫第 1 集团军向顿河桥头意大利第 8 集团军发起攻击。在一阵猛烈炮火轰炸后，伴着战场上的弥漫硝烟，450 多辆苏制 T－34 坦克隆隆碾过厚厚的冰层。意大利人惊慌失措、乱作一团。苏军士兵几乎未遇真正的抵抗就在意军阵地上撕开了许多缺口。

苏军的进攻像一个巨大的楔子，在沃罗涅日南面向西挺进。与此同时，苏军在下奇尔斯卡亚也发动了另一场进攻，把德军从那里的桥头堡中逐出，驱回到河对岸。

德军在顿河和奇尔河上长达 340 公里的阵线被击溃，苏西南方面军向前推进 150 至 200 公里。形势危急。德军不得不让第 48 装甲军去堵出现的缺口，原定让第 48 军协同霍特军队进攻斯大林格勒的计划只得放弃。

"小土星"作战，不仅击溃了意大利集团军，而且对德军顿河集团军群左翼实施纵深包围，甚至威胁到远征南方富饶的高加索地区的德军。

意大利集团军的垮台，使曼施坦因意识到，要救援陷入围困中的城中德军，唯一办法是让保卢斯在霍特部队在外围发起冲锋时，也集中全力从内向外突破苏军包围。

18 日，曼施坦因再次派他的集团军情报处长艾斯曼少校飞入斯大林格勒包围圈，把接应突围的德军部队最新的情况，对保卢斯作了如下通报：

德军第 4 装甲集团军由于受到了苏军的强烈抵抗，加之整个顿河集团军群和 A 集团军群都受到了苏军的攻击，因此顿河以东的营救作战，只能持续一个极为有限的时间。德军第 4 装甲集团军还不能肯定冲到包围圈上，因为苏军正不断投入有生力量。留给第 6 集团军的机会已经不多，现在突围是最好的机会。

在集团军"冬季风暴"作战命令中，曼施坦因分配给第 6 集团军的任务是准备向西南突围，以求与前去接应的第 4 装甲集团军汇合。艾斯曼少校受集团军群司令官委派，向第 6 集团军司令官指明，尽管集团军已经尽了最大的努力，但是不相信对被围德军的空运状况会有所改善。

"对此，您可以充分发表您的意见，我将把您的意见转达给集团军群司令曼施坦因元帅。"艾斯曼少校在结束他的汇报时，向保卢斯和第 6 集团军的其他高级军官如释重负地说。

起初，保卢斯将军第 6 集团军的作战处长和军需处长都认为，不仅应该趁早突围，而且对突围行动很有信心。但最后起决定作用的是第 6 集团军的参谋长希米德少将，他认为第 6 集团军此时不可能突围，现在突围等于自取灭亡。

希米德少将告诉艾斯曼说："按照元首的指示，第 6 集团军将仍在这里过复活节，而你们的任务就是怎样使我们获得充足的补给。"

希米德参谋长不无抱怨地说："陷在斯大林格勒这个鬼地方，并非是第6集团军自己的错误。因此，使第6集团军脱离目前的困境，是集团军和最高统帅部的事情。"

艾斯曼少校耐心地劝说："据我所知，集团军群已经就贵集团军的补给问题竭尽全力，集团军群司令部并没有支配天气的本领，而且它也不能从帽子里变出运输机来。"

虽然艾斯曼少校是曼施坦因身边的一个比较善于言辞的人，但劝说的结果，并没有说服以希米德参谋长为首的顽固分子。

这个参谋长果然是出了名的性格倔强，结果本已萌生些许去意的保卢斯将军在其参谋长的影响下，宣布第6集团军是不可能执行集团军关于突围的命令的，并打出了元首这张王牌：放弃斯大林格勒是元首所明令禁止的。希米德的顽固性格，最后终于受到了报应，不久被苏联红军俘虏，并被苏联军事法庭判处了25年的劳役。

见劝说未果，艾斯曼少校只好飞返顿河集团军群司令部，曼施坦因正焦急地等待着结果。

听了情报处长的一番诉说，曼施坦因真想立时撤换掉固执己见的保卢斯和他的参谋长。

如果是在平时，集团军司令与集团军群司令的分歧到了这种程度，集团军群司令足可以有充分的理由更换集团军指挥员。但在目前的这种紧急情况下，新任的指挥官和其参谋长掌

▼ 几名苏联儿童正坐在木头上，饶有兴趣地看着陷在泥泞道路上的德军汽车。

握全面情况所需的时间，已经没有了。再说更换也不一定得到希特勒的批准，因为希特勒是十分信任保卢斯的。曼施坦因只好强忍下心头这口恶气。

鉴于第6集团军已经抬出了元首这尊神灵，顿河集团军群为了解除第6集团军的顾虑，准备发出另外一个命令，宣布解除第6集团军司令对于突围和冒险放弃斯大林格勒的一切责任。如果事后元首追究，那么顿河集团军群的司令曼施坦因本人负完全的责任。

曼施坦因随后把他的这一想法，与集团军参谋长夏尔兹将军进行了商谈。在征得集团军参谋长同意之后，曼施坦因利用新建立的超短波无线电话，把集团军的这一决定，通报给了包围圈中的保卢斯以及他的参谋长希米德。

12月19日，斯大林格勒包围圈内德军的情况似乎有所好转，保卢斯在对待突围的问题上，又变得犹豫起来。德军第4装甲集团军所属的第57装甲军，已经推进到距离南面包围圈48公里以内。

假如第6集团军此时开始行动，虽然不一定能突出重围，但与前去营救的部队建立接触是足够的。第6集团军可以通过这次接触，获得足够的燃料、弹药和食品。为了这个目标，顿河集团军群总部已经集中了一支运输纵队，装载了3,000吨的上述物资，紧随在第4装甲集团军的后面，并且还携带了牵引车以便营救第6集团军的炮兵。只等开出一条道路之后，冒险把物资送进去。

12月19日的中午时分，集团军用电动打字机向最高统帅部提出了一个紧急呼吁，要求元首希特勒允许德军第6集团军撤出斯大林格勒，并立即向西南突围与第4装甲军会合。

当日18时，曼施坦因又直接命令霍特的第4装甲集团军，在"冬季风暴"攻击的第一个阶段之后，还应续之以第二阶段的作战，这就是代号为"雷鸣"的行动。当接到代号"雷鸣"的命令之后，第6集团军即应向西南的第4装甲军突击方向前进，并逐渐撤出斯大林格勒。第4装甲集团军作好接应的一切准备。曼施坦因又电告保卢斯，当"雷鸣"的命令发出之后，突围和放弃斯大林格勒的一切，均与第6集团军无关。一切责任当由顿河集团军群司令部负责。

这是最后一次机会！

最后还是因为燃料问题，使保卢斯决定反对突围。他报告他所有的燃料，只够使其坦克（大约有100辆左右）最多行驶32公里的距离。除非能够保证供应其适当的燃料和口粮，或者是第4装甲集团军能够进到距离包围圈32公里以内的地方，否则他无法开动。

曼施坦因计算了一下，要达到他们所提的要求，起码要有4,000吨的燃料。空运这样大的数量，事实上是绝对不可能的。

曼施坦因试图动用元首希特勒的威信，迫使保卢斯自己也作一些突围的尝试，因此花费了不少的时间给希特勒打电话。而希特勒自己，现在仍然是不想放弃斯大林格勒，说服元首也不是一件容易的事。

　　果然，希特勒在耐着性子听完曼施坦因焦急的诉说之后，不冷不热地回答说："我不知道您是怎样想的，但我却知道保卢斯所有的油料最多只能行驶 15 到 20 英里（1 英里约为 1.6 公里），他自己说他现在是不可能突围的。即使是元帅您，恐怕也无法让我们的坦克用只够跑 20 英里的汽油，跑上 30 英里吧。"

　　如同常常出现的情况一样，元首的目标远远超出了战地指挥官的想像，这一次也是如此。曼施坦因对这次救援行动的企图是让德军装甲部队尽量在苏军阵地中打开一条走廊，解除保卢斯之围，然后让保卢斯迅速带部队撤离斯大林格勒。如果把第 6 集团军钉死在一个狭小的地域里，这在战略上是愚蠢的，而且也很难设想它在苏军重围中能安然度过冬季而幸免于难。希特勒的计划不仅要曼施坦因用可怜的一点兵力去解救保卢斯，而且命令保卢斯不能放弃斯大林格勒地域，待来年春天作为新一轮攻势的桥头堡。

　　这种异想天开的计划，注定了曼施坦因的救援行动会变得毫无意义。但在救援行动开始前，曼施坦因暂时搁置了他与元首的分歧，除了从科捷利尼科沃迅捷地插入苏军腹地外，其他问题可以不考虑。但随着斯大林军队从顿河中游击垮意大利人，从而使霍特军队后方受到

▼ 穿着雪地伪装服的苏军士兵们正在接受一名女兵分发的巧克力。

威胁，而且，霍特军队遇到的阻击也日益增大。从 17 日起，苏军的援兵已纷纷抵达。"冬季风暴"到了最后抉择的关头。

在过去的几天里，斯大林格勒方面军司令员叶廖缅科紧张而忙碌。在一天大部分时间里，他在指挥所与前沿阵地保持频繁联系。他研读着前线每一份电文，眼睛注视着地图上德军步步紧逼的蓝色箭头，这些不祥之兆的箭头已穿过了阿克赛河，在上库姆斯基停顿了一会，又指向了梅什科瓦河一带。焦虑中的叶廖缅科筹划着把他手中仅有的一点兵力派到最需要的地方，又思考着怎样在尚未被察觉的方向出其不意地发起进攻。

身为统帅者，叶廖缅科最擅长于打这一类阻击战。3 个月的斯大林格勒巷战，使他对这一类作战得心应手，知道什么时候动用预备队，或投入主力，火候掌握得恰到好处。

当 17 日德军付出惨重代价逼近了阿克赛和梅什科瓦河一带时，叶廖缅科及时地将机械化第 4 军派了上去，就显示了胜敌一筹的谋略。

时间对德军来说显得十分重要。当霍特指挥部队不顾一切向梅什科瓦河一带挺进时，他没料到在一望无垠的茫茫雪地里，苏机械化第 4 军正埋伏在溪谷沟堑中严阵以待。行进间的德军遭到了苏军迎头痛击，德军立刻扩散成战斗队形，涌浪般地向苏军发起冲击。

坚守在 146.9 高地上的反坦克炮第 20 旅在布勃诺夫上校指挥下，一天内打退了德军 7 次进攻。17 日晨，德军坦克席卷而来，隐蔽在战壕里的苏军沉着应战。他们把坦克放到距离 100 米处，用反坦克枪瞄准炮塔或履带射击。

横冲直撞的坦克被击中后顿时燃起熊熊烈火，后面的坦克却依然逼近。有时苏军让德军坦克在掩体上像熨斗一样压过去，等坦克压过掩体一瞬间，早有准备的战士将集束手榴弹或炸药包塞进坦克履带里，然后就地打滚隐蔽起来。行进中的坦克过了掩体后就摇摇晃晃地爆炸了。

这么做要冒很大风险，在战士跃出掩体一瞬可能会被枪弹击中。战斗进行得异常激烈，黄昏时分，第 20 旅伤亡惨重。

第 2 天，德军攻克了 146.9 高地。德军一名少将来到阵地前，眼前的景象使他惊心不已。四五十辆被击毁的坦克横七竖八躺在那里，有的坦克发动机还在转动，旁边躺着德军坦克手烧焦的尸体。

他看见一位苏军上士身上已中数弹，他躺下时手里还握着反坦克枪，枪筒冲着被击毁的坦克。整个战场被炮火熏成黑糊糊的一片。

这位德军少将的意志受到冲击，他就是德第 57 军军长基尔希纳。他在向上司霍特将军汇报时哀叹道："没有新锐兵力投入，部队已无法组织新的进攻。"

17、18、19 日是战斗最激烈的 3 天，也是叶廖缅科最难熬的 3 天。直到 19 日黄昏，近卫第 2 集团军经过 180 公里的急行军赶到，叶廖缅科才定下心来。危机过去了，他可以挡住德军的进攻。

这时，尽管觉察到了战场形势出现逆转，曼施坦因还是没有放弃救援计划。一方面他敦促元首同意第 6 集团军突围，一方面命令霍特继续进攻。

到 12 月 23 日，虽然曼施坦因集群的另一路前锋部队已经冲到了距被合围的保卢斯集团只有 35 ~ 40 公里的地域，但却再也不能前进一步。他们确实时运不济，苏第 51 集团军和突击第 5 集团军的迅猛反突击，苏空军第 8 集团军令人胆寒的空中轰炸，终于给近卫第 2 集团军的展开赢得了不可缺少的宝贵时间。待到该集团军全部展开之后，希特勒援救保卢斯集团的计划便破产了。因为，此后不久，该集团军和其他苏军部队便在这里展开了对曼施坦因集群的大规模反击。结果，曼施坦因连同他的企图全都失败了。

让我们在这里摘引一段曼施坦因元帅的自述，他在《失去的胜利》一书中写道：

> 因而，现在主动权一转入敌人手中，顿河以东的正面也就快完了。12 月 25 日，力量不断增加的敌人，攻击了梅什科瓦河地域的坦克第 57 军，并迫使它退到了阿尔赛河。近几天来，已经看得很清楚，敌人意图从东西两面包围该军的翼侧……
>
> 现在，敌人由于拥有超过我们几倍的兵力，在最近几天内正在迫使坦克第 4 集团军再向后撤，一直退回到它在 12 月 12 日由那里发起进攻的科捷利尼科沃……12 月 12 日开始的救援第 6 集团军的作战遭到了失败，起码是暂时遭到了失败。

曼施坦因回天乏术，不得不痛苦地面对现实："冬季风暴"宣告终结。

No.3　曼施坦因的末日

12 月 23 日晚，近卫第 2 集团军指挥所灯光昏暗，烟熏火燎。司令员马利诺夫斯基伏在密密麻麻标满记号的地图上。他那张坚强的、被草原上的风吹得粗糙的脸，就好像用石头雕成的一样。军事委员会委员拉林少将、副司令员科赖泽尔少将、作战部长格列佐夫上校、炮兵副司令员克拉斯诺佩夫采夫少将都集中在这间农舍里。在过去几个月的枪林弹雨中，这间小木屋奇迹般地在战火的洗劫中幸免。现在，近卫第 2 集团军用它作了指挥所。

司令员马利诺夫斯基打开方面军的战斗命令，近卫第 2 集团军的指挥员们围拢过来。他

▲ 空袭过后，两名苏联妇女从防空洞中走出。

们庄重地将作战命令慢慢展放平整，地图上面标明了方面军司令员对进攻战的最后决定。

马利诺夫斯基眼光在地图上停留了一会儿，然后严峻地扫视了大家一眼，说：

"同志们，总参谋部已批准了我们的反攻计划，明晨（24日）10时我们要转入进攻了。"

接着，兵种司令员和主任汇报了兵团与部队的进攻准备情况。司令员马利诺夫斯基默默地听着，只是有时明确一下那些最主要的地方。在同敌人决战前的最后一次会议中心议题结束时，他才挺起他那不高但很结实的身子，直截了当地问：

"怎么样？同志们，让我们收拾一下这位曼施坦因元帅吧。"

"早该教训教训这个恶棍了。"拉林将军随声附和着答道。

"参谋长，你是怎么考虑的？"司令员转身问参谋长比留佐夫，"不会有什么障碍吧？"

"我看曼施坦因的末日到了。"比留佐夫十分爽快地回答。然后，他站起身，拿着指挥棒面对地图扼要地阐述了这次作战计划：

根据最高统帅部的要求，在科捷利尼科沃方向进行一次围歼霍特集团的战役。华西列夫斯基和叶廖缅科命令，近卫第2集团军担任战役主攻任务，第51集团军在侧翼配合作战，作战分两个阶段：

第一阶段：近卫第2集团军4个军在第51集团军2个军的协同下，将德军挤压至阿克赛河，消灭德军坦克第17师、第23师，并顺利渡河。

第二阶段：从右面突击科捷利尼科沃，同时从西面和西南面将科捷利尼科沃德军围歼。

比留佐夫报告完后，马利诺夫斯基充满激情地做了一番动员。在结束时他要求大家对一下时间："现在是23日晚上10时，再过12个小时，进攻就要开始了。同志们，快回去最后检查一下。我相信，这一回曼施坦因逃不了啦。"

直到最后一刻，曼施坦因还在期待着奇迹发生。他几次三番与保卢斯联系要求他向西南突围，为此他还派集团军群情报处长飞临包围圈内与保卢斯磋商。

艾斯曼少校作为曼施坦因的全权代表与保卢斯、施密特通报了突围计划。

施密特和艾斯曼一直是好朋友，此刻他就征询艾斯曼意见："在当前困境下，如果是你该怎样决断？"

艾斯曼毫不犹豫地说："我会全力以赴向西南突围。"

"燃料不够，行不通吧。"施密特说。

艾斯曼回答："一定要试试，利用高炮平射突围，用人把高炮拉过草原，弹药也用人扛。"

▲ 入侵苏联的罗马尼亚第4集团军遭遇到饥荒，他们把战马都当成了食物，剩下的只有这成堆的马鞍。

　　施密特说："难啊，在开阔的冬季草原行走数十公里才能到达顿河，何况敌人前堵后追，我们没有重武器和燃料，肯定会重蹈当年拿破仑的覆辙。"

　　艾斯曼无言以对。

　　保卢斯将军听着两人谈话，他最后下了决心。突围是一次巨大赌博，成功了固然使第6集团军获救，但如果军队陷在半途中，而霍特的装甲部队又无力前行，那第6集团军的命运就不堪设想。不如坚守在"刺猬"阵地，等待时机。

　　发起进攻的第一天早晨，草原上正刮着暴风雪，狂风怒吼，大雪掩埋了道路。

　　叶廖缅科在指挥所得知，风雪迷茫，不利于部队进攻时，他的心猛地一颤。看了看手表，离炮火准备时间还有一小时。

　　"敌人在大雪中也会不自在的。"叶廖缅科对前线的指挥官说。

　　奇迹出现了，一小时内风雪停了。10时整，几百门火炮、迫击炮齐鸣，烈火和钢铁向德军防线倾泻。

　　交战开始了。在苏军强大的进攻面前，德军防线开始溃退。德军机枪打完了最后几梭子

▲ 戈林引以为荣的德国空军战机因缺少燃料不能起飞。

弹后，哑然无声，敌炮兵阵地上的炮手也逃之夭夭。

德军开始后撤。撤退中德军飞机起了很大作用。"容克"飞机密集地向苏阵地轰炸，尔后在坦克掩护下逐渐后撤。一路上，德军烧毁了阿克赛河上的各种桥梁；在浅滩和岸边埋设地雷，敌主力逐渐向科捷利尼科沃地域靠拢。

霍特上将怀着莫大耻辱撤离上库姆斯克、梅什科瓦河带。

他在接到撤退命令当天，向曼施坦因司令官提出异议。他内心的强烈愿望是要冲进合围圈与第 6 集团军会合。

他与第 6 集团军有着深厚的感情。想起 7 月末他奉命挥师南下，配合第 6 集团军攻打斯大林格勒，与保卢斯一样，把它看成是立功受勋的良机。岂料 4 个多月来，战斗越来越残酷，11 月中旬苏军反攻，竟使他蒙受了战败耻辱。

霍特咽不下这口气。当曼施坦因召集他为保卢斯解围时，他二话没说，一路上冲锋陷阵，心想无论如何要把重围中的德军解救出来。

结果，他尽了最大努力，还是功亏一篑。他觉得这是军人的耻辱，为了这次解围，他的集团军又损失了近万人，他感到回去无法向死去士兵的亲属交代。不如与保卢斯一起战死沙场。

然而，前线的德军开始溃退了。战况的发展，使霍特终于明白再不撤退就要全军覆没了。

12月26日，圣诞节后的第一天，斯大林格勒包围圈中的第6集团军司令保卢斯上将（此时希特勒已经把保卢斯晋升为陆军上将），派人把一封言词凄惨的电报，送达顿河集团军群司令部曼施坦因元帅手中。曼施坦因马上命令通讯处长立即将这封信转呈陆军总部。保卢斯的电报全文如下：

流血的损失、寒冷和不适当的补给，最近已经使鄙集团军所属各师的战斗力大受影响。我应该报告下述各点：

1. 本集团军仍能继续击退苏军小规模的攻击和应付局部危机，维持这一能力的时间，取决于补给条件能否继续改善，补充的人员能否尽量迅速飞入。

▼ 曼施坦因（左）与属下研究作战计划。

2. 假如能从霍特的第 4 装甲集团军方面，或者在其他方面抽调大量的兵力，用来对斯大林格勒要塞发动一个大规模的攻势，否则我们就不能再长期支持下去了。

3. 除非先打通一个走廊，使本集团军获得必要的人员和物资补充，否则本集团军绝不可能执行突围作战。

所以我要求向最高当局表示，除非全盘的情况迫使本集团军有牺牲之必要，否则应立即加速援救行动。本集团军自应竭力坚守，直到最后一分钟为止。

我同时也必须报告，在今天只飞入 770 吨的物资，有些部队已经开始断粮了。所以现在必须要采取紧急的措施。

德军第 6 集团军司令保卢斯

1942 年 12 月 26 日

当苏近卫第 2 集团军发起反攻时，曼施坦因感到：第 6 集团军已彻底完蛋了，最后的一次突围机会被保卢斯葬送了。

马利诺夫斯基将军的进攻，只是一场大规模攻势的前奏。进攻第 4 天，近卫第 2 集团军坦克第 7 军已从北面威逼科捷利尼科沃城，守城的德军殊死抵抗。28 日，苏军攻占科捷利尼科沃西南一机场。负隅顽抗的德军见大势已去，弃城而逃。霍特部队残部向罗斯托夫退却。

战斗意外地顺利。科捷利尼科沃被攻克后，盘踞在托尔莫辛地区的德军孤立了起来。马利诺夫斯基转换方向，向托尔莫辛进军。

托尔莫辛是德军的重要基地，它不仅供应奇尔斯卡亚德军的粮食和弹药，而且也直接威胁着苏军交通线，离被围保卢斯集团军距离 40 多公里。过去苏德双方在这一带集结重兵，战斗呈僵持局面。现在科捷利尼科沃丢失后，托尔莫辛的德军三面被围。

12 月 30 日，决定性的时刻到了。近卫第 2 集团军在炮火掩护下发起进攻。黄昏的寂静被成百上千人强劲而猛烈的"乌拉"声打破。连成一片的苏军波浪般地冲向敌阵。枪炮齐鸣，杀声四起。战壕里传来了刺刀撞击声和德军哀嚎声。他们还没来得及从这猛烈袭来的狂澜中清醒过来，就成百成千地倒下了。幸存下来的只得乖乖地举起双手。

31 日，托尔莫辛被攻占了。

远在莫斯科的斯大林在除夕之夜整夜没合眼，他兴奋异常。曼施坦因的解围企图破产了。叶廖缅科的部队现在已推进到上鲁别日内—托尔莫辛—茹科夫斯基—科米萨罗夫斯基—格鲁博基一带。在科捷利尼科沃战役中，罗马尼亚第 4 集团军被全歼，霍特的坦克第 4 集团军遭到重创，"顿河"集团军群残部已逃至马奇河，远离斯大林格勒城。

　　这一夜使斯大林难以入眠的好消息接踵而来。"小土星"作战也取得了重大进展。西南和沃罗涅日方面军在歼灭了意大利集团军后，从 12 月下旬起又直插德军后方。尤其是巴达诺夫指挥的坦克第 24 军进展神速，5 天内推进 200 多公里，如一把尖刀插进德军重镇塔钦斯卡亚。机场上停留着 300 多架飞机还未起飞就被苏军缴获了。

　　德军已惊慌失措，希特勒不断派兵增援，但兵败如山倒。到 12 月 31 日，苏西南和沃罗涅日方面军已向纵深推进 200 多公里，挺进到新卡利持瓦－威索奇诺夫－别洛沃茨克－伊列英卡－切尔内什科夫斯基一线，解放了 1,246 个居民点。全歼意大利 5 个师、3 个旅，击溃 6 个师。德军 4 个步兵师和 2 个坦克师遭到重创。苏军俘虏德军官兵 6 万余人，缴获飞机 368 架、坦克 176 辆、火炮 1,927 门。

　　斯大林想，希特勒已无力恢复伏尔加河战线了。歼灭被围困在斯大林格勒城下的保卢斯集团军的时机已经成熟了。

　　斯大林再也睡不着了，他起身来到窗前。窗外星光满天，皎洁的月光倾泻在莫斯科冰封的大街上，城内不时传来对空扫射的枪弹声。斯大林笑了，他明白这是战时莫斯科人迎接新年的特殊方式。1943 年马上就要来临了，他喃喃自语道：这真是一个美妙的夜晚。

▲ 占尽天时地利人和优势的苏军士兵正在向德军进攻。

第十章

元帅选择了投降

　　希特勒用一把德国军人梦寐以求的元帅节杖"行贿"，用它来换取保卢斯的忠诚，因为历史上还没有一位德国陆军元帅投降过，现在他又把一支手枪塞在保卢斯手里。

No.1 "指环"计划

12月27日，希特勒召开了一次军事会议。会上，戈林为空军空运遭到惨败百般辩解；曼施坦因则打来电报指责意大利人溃退使他被迫停止"冬季风暴"；而总参谋长蔡茨勒将军则三番五次劝说希特勒撤军。

蔡茨勒报告了南方的形势，最后说：

元首，任何一个神智清醒的军人都可以看出，曼施坦因的救援行动已彻底失败。现在不仅仅要考虑斯大林格勒城下被围的保卢斯的命运，更要关注整个战局面临的危机。苏军向罗斯托夫进军，使北高加索的德军处境危险。我们现在可以立即进行第二个尝试，下令撤出高加索。如果你现在不下令撤出高加索，我们不久就会面临第二个斯大林格勒。

这话似乎打动了希特勒，蔡茨勒以为他开始有些松动了。他知道必须紧紧抓住这一时机，促使希特勒表示同意。

"好吧"，希特勒终于说道，"就这么办，你去发布命令吧！"

蔡茨勒马上离开房间，但并未走多远，就在希特勒的接待室里，他用电话下达了撤退令，另外还附加了一条规定：立即将此命令传达到各部队，马上开始撤退。他之所以这样做，完全是有意识的，不久便证明这样做是正确的。

蔡茨勒驱车返回自己的司令部，路上用去的时间还不到半小时，但是一到达司令部就发现一个参谋在等着他，说刚接到一个紧急电话，要他立即给元首回电话。

蔡茨勒完全明白是怎么回事，于是拿起听筒，要求接通希特勒。很快话筒里传来了元首的声音：

"关于从高加索撤军一事，暂不要采取任何行动，明天咱们再商议一下。"

蔡茨勒认为，这当然意味着要开始没完没了的拖延，又要拖到任何措施都来不及采取。事已如此，他说：

"我的元首，来不及了。我已在您的司令部把命令发出去了。现在已经传到了前线部队，撤退已经开始。如果收回命令将会引起严重混乱。我请求您一定要避免这样做。"

希特勒犹豫了一下，然后说：

"那好吧，就这样算了。"

希特勒是个不见棺材不掉泪的人。尽管德军防线已千疮百孔，他还想着进攻。他规定A

▶ 衰老的希特勒和他的爱犬在一起。

集团军群从高加索撤退时不可后撤太多，还要不时突击苏军；顿河集团军群要为解救第6集团军创造条件，某些关键地段，无论如何要死守；保卢斯集团军仍然留在斯大林格勒，等候来年春天德军卷土重来。

新年前夕，斯大林在莫斯科召开军事会议，审议歼灭合围圈中保卢斯集团军的"指环"作战计划。

"指环"作战在11月底就开始筹备了，后因曼施坦因刮起的"冬季风暴"而被迫推迟。12月底，苏军击退了曼施坦因的进攻，苏西南和沃罗涅日方面军在顿河中游又重创了意大利集团军。这样斯大林格勒下的德军第6集团军已无被解救的一丝希望，成了瓮中之鳖。

克里姆林宫的会议厅里，苏军高级将领济济一堂。出席会议的有叶廖缅科、罗科索夫斯基、瓦图京以及炮兵上将沃罗诺夫，总参谋长华西列夫斯基、副最高统帅朱可夫。

"指环"作战任务主要由顿河方面军承担，为此，苏最高统帅部将原属斯大林格勒方面军的第62、64、57集团军也划归顿河方面军。今天的会议首先听取罗科索夫斯基汇报。

罗科索夫斯基中将身材魁梧，淡蓝色的眼睛闪着机智的光芒。这时他站在会场前方，压抑着内心激动，对斯大林格勒的作战态势及被围德军动向作了细致入微的分析：

……侦察结果证明了我们的判断，第一，保卢斯的军队虽然已穷途末路，面临着粮食、弹药和燃料的不足，但没有任何迹象表明他们会主动放下武器投降。第二，被围德军兵力还有 20 多万，他们盘踞在 170 公里的地盘负隅顽抗。这一带多为丘陵地形，有许多断崖陡岸的小山谷，居民点星罗棋布，易守难攻。下面我着重谈一下我军的对策。

罗科索夫斯基才思敏捷，他没有看桌上摊开的地图，敌我双方兵力部署、态势和走向，他早已研究透彻，说起来滔滔不绝，语气中流露着一种强烈的自信：

"这个计划是由大本营副代表沃罗诺夫同志帮助我们制订的，同时听取了集团军司令员的想法。我军的防线是：在市内沿河区由第 12 集团军防守，北面是第 66 集团军防区，与朱可夫第 62 集团军相隔 5 公里，接着是第 24 集团军防区。西部地段由第 65 和 21 集团军共同防守；南部是第 57 和 64 集团军。我军从四面八方把保卢斯军队围得水泄不通。

"再看德军，其阵地呈鸡蛋形，几十万人缩成一团，攻北南救、攻南北援，能从四面机动

▼ 罗科索夫斯基（右二）在斯大林格勒战役中与其他将领合影。

兵力，其核心在卡尔波夫卡、马里诺夫卡、德米特里耶夫一带。

我军的主要突击方向应放在哪里呢？从北面突击，不行。保卢斯早在8月份就从此地突向伏尔加河，那里工事坚固，防守严密。南面也只能作配合性的辅助突击。我们计划从西面沿韦尔佳奇、大罗京什卡、古姆拉克、戈罗季谢一带，从第65和21集团军的相邻翼侧实施猛攻。"

罗科索夫斯基说完，大家都沉浸在思索中。

斯大林吸着烟斗，注视着大家："5个月的血战，我们付出了极大的牺牲，终于迎来了总攻。我们一定要打好这一仗。华西列夫斯基，你对计划有什么意见？"

"我看不错。敌人现在已龟缩一团，如果只从一个方向或从外面零打冲破，既费时伤亡又大。顿河方面军提出中间突破，大胆穿插，把围困中的德军切割成一股股，使他们群龙无首，迅速瓦解。"

斯大林回头看朱可夫："你有什么建议吗？"

朱可夫道："总的设想不错，只是我担心主要突击力量是否是以撕开敌人防线，还有主攻和助攻如何配合？"

"对，敌人阵地已经经过几个月的苦心经营，虽已面临绝境，但狗急跳墙，垂死之敌不好对付。"

会场气氛活跃起来，大家各抒己见，出谋献策。

最后，斯大林集思广益，对"指环"作战作了重大修改，以命令形式下发给顿河方面军：

你们提交的"指环"计划的主要缺点是：主要突击和辅助突击方向不够集中。两股突击力量不可能会师，以致使人感到战役胜利的把握不大。

按照最高统帅部大本营的意见，战役第一阶段，你们的任务是分割和消灭克拉夫措夫、巴布尔金、哥里诺夫卡、卡尔波夫卡地区内被困敌军的西部集团，使我军的主要突击从德米特里耶夫卡、一号农场和巴布尔金地区转向南方的卡尔波夫斯卡亚车站地区，而第57集团军的辅助突击从克拉夫措夫、斯克利亚罗夫地区接应主要突击，这样两支突击力量应在卡尔波夫斯卡亚车站地区会师。

与此同时，应该组织第66集团军经奥尔洛夫卡向"红十月"居民区方向实施突击。为了接应他们的突击，第62集团军也实施突击，以使两军会合，这样便可将工厂区的敌人同敌主要集团拦腰切断。

......

▲ 苏军士兵用简易雪橇搭着机枪在雪地上行军。

在总结第一阶段战果的基础上，请于 1 月 9 日前将战役第二阶段的计划经总参谋部呈报上来。

沃罗诺夫和罗科索夫斯基接到大本营命令后，立刻修改了计划。1 月 4 日，计划被批准。

最终确定的方案是苏军由西向东突击，肢解被围德军。消灭包围圈西南突击部德军为战役第一阶段。第二阶段苏军继续分割被围德军，将其各个击破。

"指环"作战定于 1 月 10 日开始。为避免不必要流血，炮兵司令沃罗诺夫上将和顿河方面军司令罗科索夫斯基中将在进攻前两天向保卢斯发出最后通牒：

德军第 6 集团军保卢斯上将并副司令官：

德军第 6 集团军、坦克第 4 集团军各兵团及其配属的加强部队从 1942 年 11 月 23 日起，已陷入完全包围之中。

红军已把你们围得水泄不通。从南和西南面挽救你们的曼施坦因集团已被击溃，其残部正向罗斯托夫撤退。给你们运送少量食品、弹药的德军航空兵也遭到红军猛烈炮火的袭击，已无法完成空运任务。

你们被围部队忍受着饥饿、疾病和严寒折磨。作为司令官，你非常清楚，突围已不可能，抵抗是毫无意义的，只有投降，才是出路。

……

倘若你们拒不投降，我们红军和红军空军将全歼你们，一切后果由你们承担，特此警告。

红军最高统帅部大本营代表

炮兵上将沃罗诺夫

顿河方面军司令罗科索夫斯基中将

1月8日清晨，顿河方面军司令部参谋斯梅斯洛夫少校作为军使，在翻译佳特连科大尉协同下，穿越德军阵地，将最后通牒交给了前沿德军军官，让他转交保卢斯本人。保卢斯接到苏军最后通牒，立即召集集团军各军军长商议。

四面楚歌中的德军将采取什么对策呢？

No.2　负隅顽抗

1月8日，包围圈内的保卢斯派胡比将军去见希特勒，顺便到顿河集团军群总部汇报。胡比将军告诉曼施坦因，包围圈中德军第6集团军中正流传着这样一句话："不要放手，我会救你们出来！曼施坦因。"并说这句话是集团军群司令官曼施坦因从一封发给第6集团军的电报中，亲口许下的诺言。胡比请司令官解释，因为这与集团军命令突围的决定有些自相矛盾。

曼施坦因不承认自己曾经向被围部队提出这样的诺言。因为这个诺言是他无法兑现的，一定是有人误传。也不排除德军总部那些党棍们的恶意中伤。

行伍出身的胡比将军是一个直来直去的硬汉，听完曼施坦因的解释也就释然了。接着，胡比将军又向曼施坦因谈起了他此次晋见希特勒的经过：他居然敢向希特勒说，他建议希特勒应该把指挥权交给一个军人去执行—至少在东线上应该如此。

曼施坦因闻听此言，吃了一惊。自打上次当面向希特勒提出这个问题之后，显而易见，元首是心存芥蒂的。这次与自己交往甚多的胡比将军旧事重提，万一希特勒多心，认为胡比更换指挥官的一番言论，是受了自己的指使，那自己的地位也就岌岌可危了。

古姆拉克，德第6集团军司令部。

保卢斯在办公室不停地走来走去，从7月中旬攻打斯大林格勒，至今不过半年光景，竟落

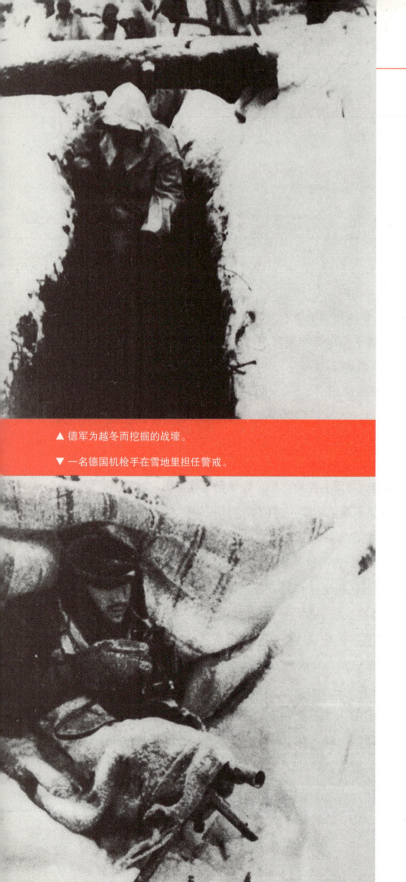

到如此下场，是他始料未及的。

当初他挥师攻城，绝没有想到斯大林格勒是一只大陷阱，几十万的兵马竟然都消失在那残破不全的建筑物和废墟瓦砾之中。等到 10 月，部队已呈疲惫之态，预备队也抽空了。竟然还利令智昏地一再攻城，结果给苏军以可乘之机。11 月中旬，苏军反攻开始后，又没有及时洞察苏军意图，延误战机，等醒悟过来已落入合围圈中。

至于被迫坚守在斯大林格勒，筑成环形攻势，从兵力调度到作战指挥，保卢斯认为那都是无可指责的。怪只怪过于轻信戈林的保证，说什么一天最低限度供应 500 吨物资。可自从 11 月 19 日空运以来，不是天气恶劣，飞机无法起飞，就是苏军炮火太猛损失巨大。每天空运量最多不超过 300 吨，一般都在 50 ~ 60 吨维持着。随着包围圈越缩越小，德军飞机到斯大林格勒的飞行距离也越来越远，一旦飞行停止，就意味着第 6 集团军的灭亡，那时该怎么办呢？

保卢斯实在看不到有什么出路，不由得长叹一声。早知如此，不如听从曼施坦因建议从西南突围，不过这谁又说得准呢？

突围他不是没想过。可部队缺少燃料、弹药、粮食，坦克只够行驶几十公里，冲出苏军包围圈，还要在茫茫草原上行军100多公里，才能到达顿河。这无异于加速灭亡。就是突围出去，与元首命令相违背。不被撤职查办才怪呢！

看来，失败已成定局了。

这时参谋长施密特少将走进屋里，他铁青着脸，手里拿着一张纸。

保卢斯接过一看，倒吸一口冷气，隔了半晌才回过神来：

"通知各军军长马上到总部开会。"

在斯大林格勒西边几公里的皮特姆尼克机场，一架He－177式飞机在空中盘旋。德军坦克第14军军长胡比中将的脸紧贴着舷窗，心情紧张地注视着跑道。他看见下面德国人在激动地挥舞着手臂，这说明皮特姆尼克还未陷落。

飞机着陆了，机场里一片忙乱。士兵们涌上来卸下各种物资。同时，跑道一边的伤员神情激动地看着这一切，再过几分钟，他们就要被送回国。

胡比将军走下飞机时，与机长打了招呼，机长喊道："祝你好运"。1小时后飞机轰鸣着飞走了。

机场乱作一团，堆满了刚卸下的货物。胡比知道，这些物资集团军是远远不够的。这次回柏林，他代表第6集团军向元首汇报了被围德军的困境。如果不是军务在身，他真想找个机会留在柏林。

机场上人来人往，可他竟没有找到一部小车回司令部。他知道这是近来保卢斯司令官发布的一道命令。所有燃料全部归集团军参谋长施密特将军管理，结果被围德军不仅士兵打火机无法点燃，连堂堂将军的汽车用油也没有保障。没办法，只能搭一辆邮车回去。

司机是一个20岁的上士，他看看胡比肩上的牌子，愉快地同意了。

汽车沿着高低不平的道路飞驰，胡比随车子左右摇晃着身子，道路上空不时有炮弹呼啸而过，传来了爆炸声。但汽车没有减速，上士对这一切早已司空见惯。

车子却在一交叉口停了下来。上士连招呼都来不及打，跳下车朝路边跑去。

围了一群人。胡比定神一看，只见人群中躺着一匹倒毙的马，周围的人正用军刀、匕首在死马上割着一块块血淋淋的肉。由于气候寒冷，死马早已僵硬，割起来挺费劲。上士也挤进圈里，用匕首熟练地在马腿上割下一块约四五磅重的肉，用铁丝串着在篝火上烧烤。这时，他才想起向车上的胡比将军打招呼。他抱歉地对他笑着，让他下来一起聚餐。

看得出周围的士兵早饿坏了，大概有几天没好好进食了。没等将火上的冻马肉烤熟，就一个个把半生不熟的冻肉往嘴里塞，狼吞虎咽地大嚼起来，好像正吃着山珍海味。胡比觉得一阵恶心。德国国内的人无论如何也想像不出战场上德军会吃血淋淋的冻马肉，只有在远古蛮荒时代，人类祖先才如此进食。他感到悲哀，怎么能指望这些饥饿的士兵打仗呢？

然而，元首的命令是不能违抗的，这次他是带着元首的嘱托返回包围圈的。

大嚼了一顿马肉后，上士回到车上情绪高涨起来。边开车边哼着小调，对胡比说，只要天天有这么一餐马肉吃，在包围圈里坚持几年都不成问题。胡比无言以对，默默地看着车外。

1月份的白昼越来越短了，下午3点刚过，天色就变得昏暗了。总算到了古姆拉克。在苍茫暮色中，胡比心事重重地走进第6集团军指挥所。

他到的正是时候。他走进会议室，会议才开始不久。参谋长施密特将军把苏军最后通牒一事作了通报。与会者正议论纷纷，胡比的到来，带来了元首的指示。

保卢斯接过胡比郑重其事递来的文件，只看了一眼，就恭敬地立正宣读起来。各军军长也垂手倾听着：

▼ 斯大林格勒之战中，德军和匈牙利的部队只有一部分从南部逃脱。

元首第 2 号命令补充件

1. 为解救第 6 集团军，将于 2 月中，在哈尔科夫东南地域集结由坦克兵团组成的重兵集团。

为此，从西面正在迅速调遣党卫队 3 个师及 "中央" 集团军群的 "伟大的日耳曼" 师。与此同时，还将在基辅以南地域集结 3 个从西面撤下来的步兵师。他们将在快速集群后面，从这里沿铁路开往前线。

2. 定下决心：根据天气情况，从 2 月中大约在顿河以南向斯大林格勒方向发动进攻，目的是解放第 6 集团军。此项任务将由坦克集群和从 A 集团军群和顿河集团军群调来的其他快速兵团执行。

3. 顿河集团军群和 B 集团军群，应为快速集群和保障投入战斗所需创立最好的条件。

阿道夫·希特勒

▼ 德军战俘中懂俄文的士兵正给同伴念苏联报纸。

如同一群垂死的病人被注射了一剂强心针，元首的新保证使在场军官精神重又振作起来，一个个变得慷慨激昂。

"我们决不投降！"

"为了帝国荣誉，为了元首，也要战斗到底。"

"好！"保卢斯也情绪亢奋地喊道："几小时前我们将苏军最后通牒向大本营作了汇报。现在答复刚刚收到，全文如下：'不许投降，集团军每坚守一天，对整个前线都是一个支援，可牵制苏军几个师的兵力'。我命令，立刻将大本营来电，通过无线电晓谕全军。第6集团军全体官兵，一定要振奋精神，为军人的荣誉而战，为第三帝国而战。"

在一阵赌咒发誓般的喧闹声中，军官们各处散去。

曼施坦因得知希特勒反对投降的命令后，他召集了所属集团军和各军的指挥官，在集团军群司令部接受训示。在整个集团军群中，总有或多或少的人暗地同情保卢斯，认为投降也不失为万一之策。

受过多年普鲁士军国主义教育的曼施坦因元帅环视着在座的诸位将领：

▼ 德军士兵在冰面上生火取暖。

诸位想必已经知道苏联人招降之事，想必也知道元首对此事的态度。我在这里重申我的看法，请诸位牢记：任何军队只要有战斗力余留，就绝对不许投降！如果放弃这种精神，军人作为一种职业也就结束了。只要有战争，这种军人的荣誉观念就必须维持，即使是毫无希望的战斗，也不能作为投降的理由。

如果身为前线的一个指挥官，只要认为他的处境毫无希望时就马上投降，那么谁也不会赢得一场战争了。保卢斯将军的第6集团军在它未被完全歼灭之前，必须尝试尽可能地牵制苏军的兵力。这种牵制的时限越长，对整个战争的贡献也就越大。

曼施坦因随手拿出情报处长早已经为他准备好的纸条，上面列满了数字：

"去年12月初，我们在第6集团军的包围圈上，共发现了苏军60个师或装甲旅的番号。到了现在，整个顿河集团军群所面对的259个苏军战斗单位中，有90个是用来包围第6集团军的。假如第6集团军在1月9日就投降了，苏军的这90个大单位，就会像潮水一样释放出来，于是本集团军的处境就不堪设想了。"

曼施坦因认为，既然不同意贸然突围，又不同意投降，看来德军第6集团军只好在斯大林格勒准备坟场了。

No.3　大势已去

1月10日晨，离总攻还有1小时。

最高统帅部代表沃罗诺夫上将、顿河方面军司令罗科索夫斯基来到第65集团军指挥所。担任主攻的第65集团军司令员巴托夫将军已看好几次表了，他觉得时间凝固了。

罗科索夫斯基理解巴托夫的心情，这会儿身经百战的他手心上也微微出汗了。他的目光紧紧盯着桌上的作战图。主要突击方向：马利诺夫斯基突击部，由第65集团军主攻，第21、24集团军助攻。在齐边科以南，第64、57集团军向巴萨尔基诺、新罗加哥克会让站发起攻击；而第66、62集团军则从叶尔佐夫卡西南地区向戈罗季谢发动进攻。

三箭齐发，能否穿透面前龟缩一团、状如刺猬的德军阵地？

罗科索夫斯基把目光投向观察所外。

湛蓝的天空下，皑皑白雪在阳光下闪烁着耀眼的光芒。第65集团军集结在一片树林中，那里没有枪炮声，也没有鸟飞禽鸣，呈现出一种特有的宁静。

罗科索夫斯基知道，那里潜伏着一排排望不到尽头的炮兵阵地。为这次进攻，他调给第65集团军25个加强炮团、8个近卫迫击炮团和4个重炮旅，在部队突击正面，大炮密度达到每公里338门，这在1942年的战场上是少有的。他回过头，正好与沃罗诺夫眼光相遇。两人相视一笑，心有默契地等待着。

巴托夫中将再一次看表，秒针指向8时零5分。

"为了祖国"，巴托夫雄浑的声音通过电话传遍前沿，大地被数千门大炮雷鸣般的轰击震得颤抖。炮击闪射汇成的橙红的弹幕，在空中织成一片蔚为壮观的奇景。敌军前沿霎时浓烟滚滚、遮天蔽日。硝烟里，空中的太阳也变成灰蒙蒙的。

9时，炮火向德军阵地纵深延伸。田野里响起成千上万人震天动地的"乌拉"声，步兵开始冲锋。

指挥所的电话铃不停地响着。

德军第一道战壕已被攻占，正向纵深进展。

日终前，第65集团军已深深楔入敌防御阵地1.5至4.5公里，其他集团军也突破了德军主要地带的防御。

11日、12日两天，苏军继续扩大战果，第65、21集团军已前出至罗索什卡河西岸和卡尔波夫卡一带。在南部作战的第57、64集团军，虽遭到德军疯狂反扑，但亦进抵卡拉瓦特卡山谷和切尔夫连纳亚河南岸。皮托姆尼克机场已陷入了苏军围困之中。

▼ 斯大林格勒郊外，到处是德军一堆堆的尸体。

莫斯科，斯大林用满意的目光看着桌上红蓝线不断变化的地图。他吩咐工作人员准备庆功用的演说词、嘉奖令，他要大范围地嘉奖和晋级作战有功者。

德军第6集团军司令部乱成一团。

10日早晨越来越猛烈的炮声使司令部的人惊恐不安，这意味着苏军的总攻开始了。保卢斯明白他的部队无法抵挡这样猛烈的攻势。但他仍然强作镇静，命令集团军全体官兵在战斗中用他们血肉之躯去阻挡正滚滚而来的苏制坦克。然而，奇迹并没有发生。

12日午后，保卢斯办公室的电话急促地响了起来。

"报告司令，皮托姆尼克机场附近出现苏军。"

"什么？"保卢斯一急，话都说不全了，他知道这个机场是集团军的命根子，无论如何不能失去机场："赶快给我守住，援兵立刻就到。"

放下电话，保卢斯在地图前犹豫再三，已答应派兵救援，但部队在哪里呢？预备队早已没有了，现在各个防线都吃紧，抽调都不行。再说，部队缺弹药、燃料，怎么去增援？大炮不能肩扛，坦克又开不了。士兵也早已饿得半死不活，让他们拿着轻武器上阵，岂不是送死？保卢斯把最后一份表达绝望心情的报告，送到了顿河集团军群总部曼施坦因司令手中。曼施坦因匆匆浏览了一下这封电报，命令通信人员立即把这一报告送到陆军总部。

保卢斯的电报这样写着：

尽管我的部队曾经作英勇的抵抗，但是最近几天来的激战已经让苏军作了深入的穿透。

已经没有预备队，而且也无法再编成。

重兵器现在已经丧失了机动性。

严重的损失，再加上严寒，已经使德军部队的抵抗力相当地降低。假如敌人继续用现有的兵力进攻，则我军的防御正面至多只能支持几天，以后的抵抗将只不过是局部的行动而已。

天气似乎也在帮苏联人的忙。德军对包围圈不仅无法空运弹药，而且德国空军的俯冲轰炸机也不能起飞支持德国守军的战斗。

当日夜间，保卢斯又发来一份情况补充报告，请求曼施坦因再派几个营，机降在包围圈内，则还有希望继续抵抗下去。这份补充报告不禁使曼施坦因与他的参谋长和司令部人员面面相觑：顿河集团军群总部自己也没有必要的补充兵员了。而且自从德军第4装甲集团军停止救援行动以来，也就再没有把增援兵力送入围城的理由了。为了提高被包围德军的士气，曼施坦因已经说服第6集团军的多名指挥官和参谋人员，在休假届满之后，纷纷飞回城内。

其中很多军官出身名门，如"铁血宰相"俾斯麦的后人。

保卢斯的电报送到大本营后，答复很快传来，没有提供任何援助和措施，却一味指责、训斥：

第 6 集团军司令：

无论如何也要保住齐边科、卡尔波夫卡、罗索什卡。竭尽全力保住皮托姆尼克，不让苏联人占领。要想方设法夺回齐边科。集团军司令官要上报采取反攻的措施，并要讲清楚，是在什么情况下，未经陆军参谋总部允许，放弃齐边科的。

保卢斯接到这份荒谬的电文，气得当场骂开了。他本是一个谨慎、谦虚、注意谈吐和风度的人，但在陷入围困数月后，早已变得一反常态，动不动就骂人。这些陆军总部的混蛋、白痴，难道我愿意丢失阵地，要人没人，要粮没粮，这仗怎么打？

保卢斯发泄了一通，骂累了又重新拿起电文。这时他发现电文中每个字都透露着杀机，他仿佛看到元首正暴跳如雷地训斥着。他把作战参谋叫来：

"命令部队不惜一切代价死守阵地。凡丢失的阵地都要想办法夺回来。"

保卢斯的命令等于一纸空文，德军阵地除陆续丢失外已无能力再夺回来。第 6 集团军已

▼ 苏军从斯大林格勒的南北方向合围德军。

逃不脱覆灭的命运。

苏军的进攻也遇到过德军的抵抗。13 日，苏近卫第 15 师第 44 团在向切尔夫连纳亚河东岸的德军进攻时，遭到德军顽强阻击。德军依据岸边陡峭地形，用机枪疯狂扫射苏军前进通道。

第 2 营奥西波夫中尉和别雷赫少尉身先士卒，抢在全排前面把一捆手榴弹缚在腰上，匍匐着向敌火力点爬去。全排战士用机枪扫射掩护着他们。奥西波夫和别雷赫利用河岸边的石块迅速前行，一个侧身滚分别来到德军 2 个火力点前沿，举起手榴弹扔了过去，敌军机枪哑了，但两人也中弹牺牲了。

苏军战士正要冲锋，德军第 3 个火力点又喷出凶猛的火焰。机枪手谢尔久科夫勇敢地冲上前去，迅捷地扔去两捆手榴弹，硝烟四起。但敌机枪架在两块巨石凹瘪处，仍肆无忌惮地扫射着。不能再犹豫了，英勇的壮士谢尔久科夫起身扑向敌机枪，用身负重伤的身体堵住了正吞噬战友生命的机枪眼。苏军趁机发起冲锋，把暗堡中的德军一个个射死。"为谢尔久科夫报仇"！烈士用生命谱写了一首不朽的壮歌。德军溃败已难以挽回了。苏军占领了大罗索什卡、巴布尔金和阿列克谢耶夫斯基一线，占领了皮托姆尼克机场。溃败的德军丢下了毁坏的大炮、坦克、汽车，还有许多掠夺来的货物。在德军占领的地方，他们把商店和住宅都洗劫一空，临走时还企图带走这些货物，只是愈益逼近的枪炮声使他们只顾逃命。

保卢斯开始吓唬他的士兵不许投降，在一份命令中他威胁道：

如果部队停止抵抗，我们将受到什么样的威胁？我们中的大部分人不是被敌人子弹击毙，就是在西伯利亚可耻的俘虏营中饿死、冻死或者被折磨死。但有一点是清楚的：谁要是投降，谁就永远看不见自己的亲人。我们的出路只有一条：在严寒和饥饿中打尽最后一颗子弹，战斗到最后一息。

具有讽刺意味的是，用不了多久，这位司令官就主动当了俘虏，并没有履行他自己下达的命令。

No.4 无意义的抵抗

从苏军总攻的那一刻起，保卢斯就明白他的部队已无法在伏尔加河上继续战斗了。德军在夏季取得胜利的那些条件，无论是战术、心理条件，还是武器装备或气象条件都已不复存在了。

但他还存着一丝侥幸，他期望他的部队能尽量拖到 2 月，等到元首援兵到来。

然而，7 天来，他的希望之火终于渐渐熄灭了。

苏军进攻越来越猛，包围圈也越收越紧。

大罗索什卡丢了。

齐边科丢了。

卡尔波夫卡丢了。

皮托姆尼克机场也丢了。

德军不战自溃。仅一周，德军的袋形阵地已缩小一半，保卢斯感到大难临头了。

第 6 集团军司令部被迫从古姆拉克撤往斯大林格勒城内。他的部下已开始烧毁公文，然后分乘几辆幸存的汽车出发了。一路上，看见一群群饿得面黄肌瘦的德军士兵和伤员，他们像幽灵一样缓慢地往前移动。苏军坦克正在逼近，保卢斯明白这些人不是倒毙在途中就是被苏军俘房。但他现在已自顾不暇，只能带着司令部随员逃窜。这一次保卢斯对他的下属已没有任何怜悯，因为他明白他也逃不远。最终等待他的仍然是西伯利亚的战俘营。

皮托姆尼克机场失陷后，德机曾在古姆拉克备用机场着陆。负责空运的德军第 27 "伯格" 轰炸航空团第 3 大队大队长蒂尔少校，1 月 19 日驾机飞进包围圈。在降落时，他的飞机遭到苏军炮火猛烈袭击，飞机被打坏，机械员被打死，与他同来的 6 架飞机都已葬身在弹雨里。大难不死的蒂尔在第 6 集团军司令部强调了空运的困难，"在这种情形下，飞机已无法着陆了"。

"飞机不着陆",保卢斯心绪愁苦地说,"就等于宣判第6集团军死亡。当士兵们向我伸出手,乞求道:'阁下,给我一片面包吧'我身为集团军司令,该如何回答呢?当初空军为什么担保空运没问题,当时还有突围可能,现在什么都晚了。"

保卢斯眼里流出了眼泪,他继续说:"我是一个将要死的人了,好像在另一个世界说话,我这个要死的人对战争已不关心了。"

愤怒与绝望感动了蒂尔,但他也无能为力。只能将空运物资从空中直接投向包围圈内,大量的面包和弹药都送给了苏军。

已经意识到抵抗毫无意义的保卢斯,生的欲望使他再一次向大本营发出请求:

"粮食、燃料和弹药发生了灾难性的困难,部队战斗力急速下降,1.6万名伤员得不到任何护理,精神崩溃已在士兵中产生。我再次请求给予行动自由。趁现在还有继续战斗的可能,就继续抵抗下去;如果没有可能,就停止不可能再进行的战斗。"

然而,希特勒没有丝毫怜悯之心,他给保卢斯回电:

"不许投降。部队要执行自己的历史任务,抵抗到最后一刻,以便促进在罗斯托夫及其北面建立新的战线,以及高加索集团军群撤出。"

1月23日,当苏军再次建议保卢斯投降被拒绝后,发起了最后的进攻。22公里突击面集结了4,100门大炮。炮群发出了惊天动地的怒吼。天地间充溢了轰轰烈烈的巨响,瓦砾、铁丝网被掀到空中,德军阵地被轰坍了。罗科索夫斯基从望远镜里看见德军们正惊慌失措地弃阵而逃,高兴地对身旁的沃罗诺夫说:

"怪不得斯大林称你们炮兵是战争之神啊。"两人发出一阵畅快的笑声。

4天后,顿河方面军向斯大林报告:"苏军进攻顺利,已向前推进10至15公里。占领了古姆拉克、亚历山大罗夫卡、戈罗季谢等,敌人死伤达10万人。现德寇被包围在不足100平方公里的狭小地带,并分割成两部分,南部被钳制在市中心,北部被压缩在'街垒'工厂和拖拉机厂地区。预料几天内,'指环'作战即可顺利结束。"

1月24日,保卢斯再次向希特勒请求:

"部队弹尽粮绝……继续抵抗毫无意义,请即刻允许我们投降。"

远在东普鲁士的希特勒打算让第6集团军为第三帝国殉葬了。第二天,回电来了:

"不许投降!部队应该固守阵地,要战斗到最后一个人,最后一颗子弹。"

在元首的命令下,德军第6集团军一步步走向坟墓。

保卢斯军队已被分割成南、北两块。城北德军有3个坦克师、1个机械化师和8个步兵师的残部;城南德军只剩下6个步兵师、2个机械化师和1个骑兵师的残部。保卢斯任命步兵第

71 师师长罗斯凯少将为南部集群司令；第 11 军军长施特列盖尔将军为北部集群司令。

肃清残敌的战斗打响了。德军士气沮丧，开始成批成批地缴械投降。

1 月 20 日，布尔马科夫上校指挥的摩步第 38 旅在向"阵亡战士"广场进军中，从一个俘房口中得知，德第 6 集团军司令部设在附近一座百货公司的地下室。苏摩步第 38 旅立刻将百货公司大楼包围，并切断了通向德第 6 集团军司令部的所有电话线。

此刻，在昏暗的地下室，保卢斯坐在一张行军床上，神思忧伤。

参谋长施密特少将走了过来，交给他一张纸条，轻声对他说："祝贺你荣升元帅。"他获得了帝国最高勋章—骑士十字勋章。

希特勒用一把德国军人梦寐以求的元帅节杖"行贿"，用它来换取保卢斯的忠诚。因为历史上还没有一位德国陆军元帅投降过，现在他把一支手枪塞在保卢斯手里。保卢斯果然"英勇无比"起来，回电称：为了元首和祖国，他将"坚守自己岗位，打到最后一兵一卒，一枪一弹。"

希特勒把保卢斯和几十万德军都当作了圣徒和殉难者，为鼓励他们尽快走向圣坛，希特勒对第 6 集团军采取的最后一次实际行动，是把远程战斗机派到斯大林格勒上空，对濒临死亡的德军一再广播他在国内的演讲："在这场战斗中，上帝在我们这边。我们不害怕流血，有朝一日，每一块新的土地将为倒下去的人而开满鲜花。我们条顿国家，我们日耳曼民族，一定会胜利。"作为回报，31 日上午 7 时 30 分，保卢斯发出了最后一份电报：

"我们在掩体里聆听元首的公告。我们向国歌敬礼，也许这是最后一次了。"紧接着他补充一句，"苏军就在门外，我们正在被歼灭，请不要联络，我正在毁坏电台。"电讯中断了，千里之外的元首大本营沉浸在悲伤之中。

事实上，最后关头并没有发生血战。当一群苏军出现在地下室门口时，保卢斯命令下属举起了白旗。

元帅投降了。

2 月 1 日，莫斯科宣布了保卢斯和施密特投降的消息。在中午的例会上，蔡茨勒不相信这是真的。希特勒却坚信不疑：

"他们正式投降了。绝对是这样！否则，他们会集合起来，聚集在一起，然后用残存的子弹，集体自杀。"

蔡茨勒依旧不相信保卢斯已经投降。也许他已身受重伤，躺在某处？

"不，是真的投降了。"

希特勒说："他们会直接被带至莫斯科，交给克格勃处理。他们还会不假思索地发布命令，

▲ 在斯大林格勒被俘的德军官兵。

让北方战区投降。"他继续漫无边际地说下去，称赞朝自己脑袋上开枪解决自己的军人。

"这样做多简单！一支手枪便把它变得轻而易举了。要是怕这个，那是多大的怯懦。吓！还不如被活埋！像这样的情况，他非常清楚，他的死能为邻近战场的官兵树立一个榜样，如果树立这样一个榜样，怎么还想让别人继续打下去。"

他继续大骂保卢斯，"最令我痛心的是，我把他提升为元帅。我本想让他最后满足一下。这是我在这次战争中提升的最后一位元帅。你们切不可卵未孵化先数鸡。我一点儿也不明白。当一个人看到这么多人死去后—我真的要说：这是多么容易……"他语无伦次了。"……那他是不可能想到的。荒唐可笑，做那种事，这么多人不得不死去。他本可以超脱尘世，名垂千古，为世人垂青。但他却宁愿去莫斯科。这是什么选择呀？简直毫无道理！"

2月2日16时，统帅部代表沃罗诺夫炮兵元帅（1月18日晋升元帅）和顿河方面军司令员罗科索夫斯基上将（1月15日晋此衔）向最高统帅斯大林发报：

"顿河方面军执行了您的命令，完成了击溃和消灭斯大林格勒方面被围的敌军集团的任务……斯大林格勒城内和斯大林格勒地区的战斗已告终结。"

此时，全世界都在倾听着莫斯科的广播："今天，2月2日，顿河方面军部队彻底肃清了被包围在斯大林格勒北部的敌军的反抗，迫使其放下武器，最后一个抵抗基点被粉碎了。具有历史意义的斯大林格勒大会战以我军的完全胜利而告结束。"

历时180天的斯大林格勒大会战结束了。

在斯大林格勒战役中，德军共损失兵力150万人，坦克3,500辆，火炮1.2万门，飞机3,000架。第6集团军残存的9万人，包括总司令保卢斯元帅和23名将军，都当了俘虏。

从此，苏军由战略防守转入战略进攻，斯大林格勒战役是苏德战争的转折点。

从此，德军一步步走向衰亡，斯大林格勒战役也是整个第二次世界大战的转折点。

图书在版编目（CIP）数据

决胜斯大林格勒 / 二战经典战役编委会编译 . -- 北京 ：
中国铁道出版社，2016.6（2022.1 重印）
（时刻关注）
ISBN 978-7-113-21710-5

Ⅰ．①决… Ⅱ．①二… Ⅲ．①斯大林格勒保卫战（1942～
1943）－通俗读物 Ⅳ．① E512.9-49

中国版本图书馆 CIP 数据核字 (2016) 第 084596 号

书　　名：**决胜斯大林格勒**

作　　者：二战经典战役编委会

责任编辑：田　军　　　　　　　　　电　话：(010) 51873005

编辑助理：曾山月

装帧设计：艺海晴空

责任印制：赵星辰

出版发行：中国铁道出版社有限公司（北京市西城区右安门西街 8 号　邮编 100054）

印　　刷：永清县晔盛亚胶印有限公司

版　　次：2016 年 6 月第 1 版　　　2022 年 1 月第 2 次印刷

开　　本：787mm×1092mm　　1/16　　印张：12　　字数：300 千字

书　　号：ISBN 978-7-113-21710-5

定　　价：39.80 元